迈向包容性发展的全球城市

STRIVING FOR THE INCLUSIVE GLOBAL CITY

上海城市治理与社会政策

王世军 著

同济大学出版社
TONGJI UNIVERSITY PRESS

序言

由于改革开放以来所取得的辉煌成就，以及在中国乃至世界上的重要地位，上海越来越受到全球的关注。

相对而言，人们通常熟悉改革开放以来上海在经济发展和城市建设方面所取得的成就，而对其在城市治理、社会发展乃至政治建设中的进步和成功经验似乎知之不多，研究不够。实际上，上海的成功是非常多元的，包括了很多层面，而且这些经验被中国其他地方广泛地加以借鉴和推广。

本书的主题是上海如何建设一个更具包容性的全球城市。全书分为两部分，一是从全球城市治理角度，讨论如何建设一个中国的上海、世界的上海和人民的上海，以及政府为此进行的改革和努力；二是从社会发展角度讨论与民生密切相关的各种公共政策的制定与演变，以及这些重要政策日益增长的包容性。

本书内容丰富、充实，叙述简明扼要，在不太长的篇幅里，让我们充分领略上海政府和人民艰苦卓绝的奋斗历程和上海这座城市达到的新的历史高度。

本书的推出切合时代，贴近实践，相信它会给读者带来启发，也会给实际工作者带来益处。

诸大建

2018 年 10 月

目录 | Contents

第 1 章
作为直辖市的上海

上海与国家战略

自近代以来，上海这座中国最现代化的城市，就与中国的前途命运紧紧联系在一起。1953 年美国地理学家兼历史学家罗慈・墨菲（Rhoads Murphey）教授撰写的《上海——现代中国的钥匙》一书出版，被视为研究上海的经典之作。在这本书中，罗兹・墨菲指出，上海是“现代中国的缩影”，提供了“用以说明现代中国已经发生和即将发生的新事物的钥匙”，他还认为，“上海决不是孤立地存在；它同全国大多数地区和重要城镇息息相关；如果脱离了全国的历史、地理环境和发展演变，单就上海论上海，那么谁也无法把上海城市各时期发展演变的情况生动而逼真地描绘出来”。[1]

1949 年新中国成立后，上海与全国的联系更加直接而紧密，作为中国工业最发达、技术最先进、科技人才最密集的城市，被国家赋予特别的时代使命。上海按照党中央“融入全国、服务全国”，国内经济发展一盘棋的指示和要求，通过财政税收、支持内地重大工程建设、为内地输送和培养人才、提供工业设备、提供优质轻纺产品，为国家经济建设作出了巨大贡献。

改革开放后尤其是 20 世纪 90 年代党中央、国务院决定开发开放浦东以来，作为中国经济增长的“发动机”“领头羊”、中国改革开放和现代化发展的前沿城市，上海发挥了战略示范和带动作用，推动着中国经济的腾飞和快速发展。

总之，通常被视为另类的上海在中国走向现代化过程中起到了关键性作用，尤其在新中国成立后，上海对于中国整体的发展至关重要，更加具有战略性地位并发挥了特殊作用。在服务全国中发展，在发展中更好地服务全国，把实现国家战略与提升自身结合起来，成为上海的自觉选择。正如习近平总书记曾经指出的：“我们必须把上海未来发展放在中央对上海发展的战略定位上，放在经济全球化的大趋势下，放在全国发展的大格局中，放在国家对长江三角洲区域发展的总体部署中来思考和谋划。”[2]

1. 周武《上海学（第一辑）》，上海人民出版社，2015 年，2 页。
2.2007 年 5 月 24 日上海九次党代会上的报告。

国家经济中心

无论是在近代中国还是在当代中国，上海作为国家经济中心城市的地位始终没有改变。

1843 年开埠以后，在不到百年时间里，上海从一个东南重镇迅速发展为中国的外贸航运中心、工商业中心、金融中心以及交通与通信中心，从而在全国经济中占有了举足轻重的地位。

外贸航运中心

开埠以后，由于上海及其附近地区市场的巨大商品吸纳量，也由于上海紧靠丝、茶等产区，仅经过十余年的发展，上海进出口贸易值就从占全国总值不足 10%发展到 50%左右，并取代广州成为全国对外贸易的重心。[3]

19 世纪 70 年代至 20 世纪 30 年代，上海对外贸易总值增加 11 倍多，年贸易值占全国比重最高达 65%，最低也在 44%左右。[4] 建国前夕，上海进出口贸易占全国比重更大，1946 年进口占全国 85%、出口占全国 62%；1947 年进口占 75%，出口占 60%；1948 年进口占 79%，出口占 71%。[5]

由于进出口贸易及埠际贸易迅速增长，上海航运业也不断发展。据统计，在 1860—1940 年间，在华设立的主要外轮公司共 44 家，其中 26 家都在上海。1872 年，我国最早设立的近代航运企业——轮船招商局在上海成立。19、20 世纪之交，上海形成了包括内河、长江、沿海和外洋航线在内的水路运输网。20 世纪 30 年代，上海已成为我国最大的综合性海港，并被列为世界十大港口之一。[6]

3. 张仲礼《近代上海城市研究（1840—1949）》，上海人民出版社，2014 年，47 页。
4. 同上。
5. 同上，70 页。
6. 同上。

工商业中心

上海是近代中国工业和资本最为集中的地方，是“主要的世界都市工业中心之一”[7]。

1843年上海开埠以后，西方列强未经中国政府许可，就在上海开办起近代工厂，包括船舶修造厂和缫丝厂等。1895年《马关条约》签订后，外国列强攫取了在中国投资设厂的权利，各国在上海投资迅速扩张。据统计，1895—1911年，外商在中国共投资开办91家企业，其中41家在上海，占总数的45%，开办资本总额占全国的43%。

19世纪60年代，洋务运动兴起。官办、官督商办和官商合办等近代企业相继涌现，其中规模最大的是军事工业企业——江南制造局。另外，清政府开放和鼓励民间资本创办实业。1914—1918年第一次世界大战期间，帝国主义列强忙于互相争斗，无暇东顾，上海民族资本工业迅速成长起来。

据统计，1933年上海工业总产值已达11.18亿元，几乎占当时全国工业总产值的一半。另据《全国主要都市工业调查初步报告提要》记载，1947年全国工厂总数14076家，其中上海工厂7738家，占总数的53.9%；全国工人总数682399人，其中上海工人367433人，占总数的53.8%——都达到全国的半数以上。[8]

由此，上海从一个纯粹的贸易口岸转变成制造业与商贸业齐头并进的一个工商业城市。[9]

金融中心

上海金融业是随着贸易发展起来的。早在1847年，第一家外商银行丽如

7. 周武《上海学（第一辑）》，上海人民出版社，2015年，14页。
8. 张仲礼《近代上海城市研究（1840—1949）》，上海人民出版社，2014年，245页。
9. 周武《上海学（第一辑）》，上海人民出版社，2015年，10页。

银行在上海设立分理处，此后上海逐渐成为外国银行的大本营。据1927年统计，当时外国银行的资力（资本、公积金、存款）相当于上海本国银行和钱庄的资力总和。1937年时，全国（不包括东北）29家外商银行中，有27家在上海设有分支机构。

1897年，中国第一家新式银行中国通商银行在上海开设。20世纪20年代以后，中国的中国银行、中央银行、交通银行、农业银行和一批重要的商业银行相继把总行从政治中心北京移到上海。1935年，全国共有银行164家，总行设在上海的就有58家，占比35%。加上设在上海的分支行，共有银行机构182个。此外，上海还有11家信托公司，48家汇划钱庄，3个储蓄会，1家邮政储金汇业局。上海不但金融机构集中，而且资金也非常集中。1936年时在沪银行、钱庄和信托公司的营业资力（已缴资本、存款、公积金、兑换券的总和）共计为327191万元，占全国金融资力合计数683920万元的47.1%。

上海的金融机构对全国市场的资金进行调剂和融通，起着中心枢纽的作用。各地的利率、汇率和金、银、外汇的行市也以上海为依据。上海的证券交易所、标金和外汇等交易所的行市，对全国有重大影响。甚至上海钱庄的势力，也延伸到长江流域的南北两翼，它的“庄票”和“申票”是上海埠际贸易结算中极为重要的票据。[10]

上海如此众多的金融机构同全国各地的银行、钱庄等组成了关系密切的金融网，并同伦敦、纽约、柏林、巴黎等世界性大城市的金融市场相联系，使上海成为全国的金融中心。[11]

交通与通信中心

近代上海是中国最重要的交通枢纽。1871年丹麦大北电报公司首先把横

10. 张仲礼《近代上海城市研究（1840—1949）》，上海人民出版社，2014年，72页。
11. 同上，50页。

贯欧亚两大洲的海底电缆接至上海。20 世纪 20 年代，上海陆续与欧、美、澳、亚洲各国之间建立了电报线路。1909 年沪杭铁路通车，上海有了联接内地的铁路干道。1929 年以后，上海先后开辟了联结国内各大埠的航空线路。

新中国成立以后，作为当时全国工业基础最好、设备最优、生产能力最强、技术水准最高、产品质量最好的城市，上海的城市功能被重新定位，即优先发展重工业与支持国家建设。

近代上海的工业结构中，轻工业占绝大比重。据统计，1949 年上海市工厂共 20307 家（其中私营企业 20164 家），工业总产值 35.06 亿元，其中生产规模在全市工业居前八位的纺织、卷烟、火柴、肥皂、面粉、皮革、橡胶等轻工业门类总产值占 76%，仅纺织工业的总产值便占 58.8%；钢铁、化工等原材料工业则仅占 3.3%，装备工业占 8.5%。[12]

1956—1965 年的十年间，上海工业经历了三次大改组，其中非常重要的一个方向就是调整轻重工业结构。1962 年，上海全市重工业产值达到 60.77 亿元，在全市工业总产值中的比重上升到 40.4%。1965 年，除采掘、采伐工业以外，上海已经拥有当时中国所有的工业门类，初步建成了门类齐全、综合配套的工业基地，对我国建立独立完整的工业体系做出了重要的贡献。[13]

在第二个五年计划（1958—1962）制定时，上海提出向高级、精密、尖端方向发展，目标是赶超国际先进水平，把上海建设成为我国先进工业和科学技术基地。此后，以发展新材料、新设备、新技术、新工艺为中心的工作全面展开，涌现了一大批赶超国际水平的新产品，包括自行设计制造成功的 12.5 万千瓦双水内冷汽轮发电机，8800 匹马力柴油机，高精度、半自动万能外圆磨床，80 毫米精密滚齿机，20 万倍大型电子显微镜，每秒 50 万次电子计算机等。到 1965 年，上海赶上和超过当时国际先进水平的主要产品已有 70 多项。

计划经济体制下的上海，不再是原来意义上的商业中心，但依然是中国最重要的工业品批发市场。据统计，1952—1957 年，上海调往各地的工业品累

12. 周武《上海学（第一辑）》，上海人民出版社，2015 年，15 页。
13. 熊月之、周武《上海：一座现代化都市的编年史》，上海书店出版社，2007 年，510 页。

计达到 202 亿元。[14]1949—1990 年间，上海持续向全国输出日用品[15]，50 年代平均每年 30 亿元，60 年代平均每年 40 亿元，70 年代平均每年 60 亿元，80 年代平均每年 80 亿元。

此外，上海还大力支持其他地区的工业和经济建设，如组织 21 万名上海工人（其中技术人员 0.54 万人、技工 6.3 万人）落户外省市，支持外地建设；将 272 家轻工、纺织等工厂迁往内地，为当地培训艺徒 3.6 万人；为内地轻纺工业提供大量装备，其中纺织机械可装备 16 个大型棉纺厂、30 个大型织布厂；向鞍山钢铁公司 30 家工厂提供 78 种产品，向第一汽车制造厂提供 43 种产品，向西北油田提供 400 多种机械配件等。[16]

1964 年 8 月，根据中央和国务院在全国建设大小三线的决定，上海承担了大三线建设的 304 个搬迁项目，涉及 411 个工厂、9.2 万职工、2.6 万台机器设备，搬迁到四川、贵州、江西、湖北、陕西、福建、广西、甘肃、青海、云南、宁夏等 13 个省、自治区。上海还承担了小三线建设的 55 个项目，有 64 个工厂、2.7 万职工、1300 多台机器设备搬迁到安徽、浙江、江西三省。[17]

除生产工业产品、机器设备、提供建设人才外，上海还为国家创造了大量的财政收入和外汇，并将大部分财政收入上缴国家。1951 年，上海地方财政预算内收入上缴中央的比重还不到 9%。此后经不断调整，越来越高。从 1952 年到 1978 年，上海地方财政总收入为 1952.4 亿元，净上缴中央的财政收入达 1666.7 亿元，上海留存的收入不到地方财政收入的 15%。这一时段，全国 1/6 的财政收入和 1/10 的工业产值均出自上海。

由于把大部分收入上缴中央政府，而在高度集中的计划经济体制下，又不可能另辟财源，这对上海自身发展生产和改善民生都造成了很大制约。但上海在中国经济中的地位始终没有被削弱过。20 世纪 70 年代，上海工业总产值占全国总量 1/7；财政收入占全国总量 1/6 到 1/4；货运处理数量和出口货物价值约占全国总量 1/3。[18]1982 年，上海工业总产值占全国 11.4%，财政收入占

14. 周振华等《上海：城市嬗变及展望》（上），格致出版社，2010 年，136 页。
15. 康燕《解读上海》，上海人民出版社，2001 年，24 页。
16. 周武《上海学（第一辑）》，上海人民出版社，2015 年，15 页。
17. 周振华等《上海：城市嬗变及展望》（上），格致出版社，2010 年，80 页。
18. 陈向明、周振华《上海崛起：一座全球大都市中的国家战略与地方变革》，上海人民出版社，2009 年，153 页。

全国 17.9%，外贸出口总值占全国 16.3%，内贸日用工业品省级调拨量约占全国 45%，港口吞吐量占全国 16.3%。上海与全世界 150 多个国家和地区、300 多个港口有着外贸经济联系，是我国南北和内陆商业流通枢纽。[19]

上海因为充当全国改革开放的后卫，改革滞后，开放不足，经济增长速度一度低于全国平均水平。1992 年浦东开发开放后，上海蕴含的潜能被空前激发出来，开始了新的腾飞，城市面貌日新月异，经济实力急速增长（表 1.1）。

表 1.1 20 世纪 90 年代上海经济实力变化统计

年份	GDP（亿美元）	GDP（亿元人民币）	就业人口在三次产业中的分配比例		
			第一产业	第二产业	第三产业
1990	756.45	5818	11.4%	60.2%	28.4%
1996	2902.20	22274	10.0%	52%	38%
1997	3360.00	25738	10.5%	49%	40.5%

资料来源：熊月之《上海通史》（第 1 卷），上海人民出版社，1999 年，31 页。

进入 21 世纪，在建设经济中心、金融中心、贸易中心、航运中心和社会主义现代化国际大都市过程中，上海从一个工业城市发展成为中国最大的多功能的经济中心和最具代表性的国际大都市，充分发挥了其对全国改革开放的引领示范和辐射带动作用，同时也成为中国与世界经济交往的核心枢纽，以及全球城市经济网络的重要节点（表 1.2）。

表 1.2 2014 年上海主要经济指标占全国比重统计

主要经济指标	全国	上海	上海占全国的比重
生产总值（亿元）	635910	23567.7	3.7%
社会消费品零售总额（亿元）	271896.14	9303.49	3.4%
进出口总额（亿美元）	43015.27	4664	10.8%
上海关区进出口总额（亿美元）	—	8630.4	20%

19. 上海社会主义经济建设发展简史（1949—1985）》，上海人民出版社，1990 年，614 页。

续表

主要经济指标	全国	上海	上海占全国的比重
货物周转量（亿吨公里）	185837.42	18633.36	10%
集装箱吞吐量（万国际标准箱）	20200	3528.5	17.5%
外商投资企业投资总额（亿美元）	37977.29	5304.67	14%

资料来源：刘乃全等《上海服务一带一路定位研究》，格致出版社，2017 年，76 页。

外联内引：中国门户城市

上海地处太平洋西岸、亚欧大陆东缘、中国大陆弧形海岸线中段，“外通大洋，内联腹地”，1843 年开埠之后，在广泛的内外经济文化交流中，建立了通达中国与世界各地的多层面贸易网络以及社会网络，发挥着重要节点和枢纽功能。

据滨下武志、古田和子等学者的研究，在 19 世纪后半叶，中国商人已成功建立起以上海为中心、覆盖东亚甚至整个亚洲的商业网络（即所谓“上海网络”）和“交易圈”。[20]20 世纪 20 年代至 30 年代（两次世界大战之间），大上海迅速腾飞，发展成为整个亚洲最繁华和最国际化的大都会。

以上海为中心，贯万里长江，联广阔腹地，串沿海口岸，系南北贸易，倾销列强商品于内地，汇集我国资源向国外。[21] 在转口贸易、国内埠际贸易方面，上海起到了枢纽作用。从上海进口的洋货，有 70%以上要运到内地其他口岸。从内地运到上海来的土货，有 80%以上要出口到国外或运到国内其他口岸。

20 世纪 20 年代至 30 年代，上海在全国对外贸易和对内埠际贸易中处于特大中心地位，其外贸在全国外贸总额中占 40%左右，其中 1936 年达 55%。[22]1936 年上海的埠际贸易值包括转口贸易值为 8.9 亿元，占全国各通商口岸埠际贸易总值的 75%；1940 年更增加为 13.2 亿元，占全国的 88%。[23]

旧上海拥有深入内地城乡的发达的商业网。上海的商业企业，在业务发展

20. 周武《上海学（第一辑）》，上海人民出版社，2015 年，4 页。
21. 张仲礼《近代上海城市研究（1840—1949）》，上海人民出版社，2014 年，153 页。
22. 周振华等《上海：城市嬗变及展望》（上），格致出版社，2010 年，6 页。
23. 张仲礼《近代上海城市研究（1840—1949）》，上海人民出版社，2014 年，70 页。

到一定阶段后，都面向全国，在全国各地遍设分支结构。“二战”前上海银行总行中有 58 家在内地各处开设了 629 个分支机构和数千个通汇点，构成了全国性的金融网。

新中国成立之初，由于西方资本主义的封锁，以及新生的社会主义政权以独立自主、自力更生为国家建设的基本方针，中国在相当长时间内处于与世隔绝的自我封闭状态，上海与国际间的联系几乎被切断。

“任何一个国家要发展，孤立起来，闭关自守是不可能的，不加强国际交往，不引进发达国家的先进经验、先进科学技术和资金，是不可能的。”[24] 改革开放以后，上海充分利用自身基础好、国际影响大的优势，积极引进国外先进技术、管理和资金，建立中外合资企业。1980 年 7 月，中国、瑞士、中国香港三方合资的中国迅达电梯有限公司上海电梯厂成立，这是上海改革开放后第一家中外合资工厂。

1985 年，中共中央和国务院决定将深圳、珠海、汕头和厦门设为特区，以建立我国对外开放、参与国际交往的通道。1986 年，大部分沿海城市和地区被定为对外开放城市。上海在吸收利用外资方面，进入快速发展时期。1980—1987 年，上海获批各类利用外资项目 590 项，吸收外资 21 亿美元；外商在上海开办的合资、合作、独资企业达到 274 家。在利用国外先进技术方面，上海出现了一些大的项目，如宝山钢铁总厂、大众汽车厂以及飞机研制项目。[25]

1987 年 12 月，时任国务院副总理姚依林率领中央各部委组成的工作组来上海调研。在中央工作组指导下，上海提交了《关于深化改革、扩大开放，加快上海经济向外向型转变的报告》。1988 年，国务院批准了这份报告。在同年 3 月召开的沿海地区对外开放工作会议上，当时的国务院副总理谷牧指出：“上海是我国的重要工业基地和对外的主要港口，要发展成为太平洋西岸的万商云集的现代化经济、金融、贸易和信息中心，成为发展外向型经济的先行者。”中央主要领导来上海视察工作时指出，今后上海要靠国际市场吃饭，上海一千多万人要靠国际市场养活，这是上海的基本出路。[26]

24.《邓小平文选》（第三卷），人民出版社，1993 年，117 页。
25. 张仲礼《上海和上海经济区在中国经济现代化中的地位和作用》，《社会科学》1988 年 1 期，20 页。
26.《上海改革开放 30 年》，上海人民出版社，2008 年，40 页。

1990 年初，党中央和国务院决定将开发开放上海浦东作为全国重点，充分利用国际经济全球化的机遇，吸收国际先进的技术、经验、资金和其他资源，在一个更高起点上，实现中国与全球经济进一步融合。20 世纪 90 年代浦东的开发开放，成为上海利用外资的转折点。在向中央上报的《关于开发浦东、开放浦东的请示》中，上海市委、市政府明确提出把浦东建设成为“具有世界一流水平的外向型、多功能、现代化新城区”。

1993 年，上海在全国率先提出以吸引《财富》500 强企业进入为目标的高起点外资战略。20 世纪 90 年代中后期，上海又率先提出吸引跨国公司总部的战略设想。1995 年，上海已有 13000 多家三资企业、200 多家跨国公司和 154 家外资银行及其代表处入驻，外商直接投资的协议金额五年累计达到 314 亿美元，实际利用外资 51 亿美元。

进入 21 世纪后，中国加入 WTO，成为推动上海吸引外资最重要的因素之一。上海颁布了《上海市外商投资产业导向》《关于外资并购本市国有企业若干意见的实施细则》等 7 个配套政策性文件。2002 年 7 月，上海市政府发布了《上海市鼓励外国跨国公司设立地区总部的暂行规定》，在全国率先开展吸引跨国公司地区总部的试点工作。阿尔卡特拿到 001 号证书，成为首家获得上海市政府认定的、将亚太地区总部设立在上海的跨国公司。2008 年 7 月，《上海市鼓励跨国公司设立地区总部的规定》正式出台。2010 年 11 月，上海更进一步提出要“加快集聚外企地区总部和研发中心、运营中心、结算中心等功能性机构，大力发展总部经济，支持跨国公司在上海业务整合”。跨国公司总部机构、外商投资性公司和外资研发中心进入上海的速度明显加快。截至 2015 年 8 月，在沪的跨国公司地区总部达 522 家、外商投资性公司 306 家。外资研发中心 390 家，其中有 30 多家是全球研发中心，15 家是亚太区研发中心（表 1.3）。

表 1.3 2002—2012 年上海跨国公司总部机构数量统计

年份	跨国公司地区总部	外商投资性公司	外资研发中心	跨国公司总部机构数量
2002	25	—	—	—
2003	56	—	—	—
2004	86	105	140	331
2005	124	130	170	424
2006	154	150	196	500
2007	184	165	244	593
2008	224	178	274	676
2009	257	190	304	751
2010	305	213	319	837
2011	353	240	334	927
2012	403	265	351	1019

资料来源：周振华、洪民荣《上海改革开放 40 年大事研究》（卷六），格致出版社，2018 年，185 页。

根据 2014 年世界 500 强企业总部及分支机构（包括总部、分公司、子公司以及代表处等）在全球城市间的分布情况统计，上海是世界 500 强企业分支机构数量最多的城市。世界 500 强企业在上海的分支机构达 600 个。其次是北京 551 个，纽约 538 个，东京 114 个，伦敦 72 个，巴黎 23 个。[27]

从 1978 年开始，上海对外经济贸易迅速发展。1992—2001 年间，上海进出口商品总额从 97.57 亿美元提高到 608.98 亿美元，增长了 524%，年均增幅 22.56%。2001 年，中国正式成为世贸组织成员国，上海外贸进出口总额的增长势头更为迅猛（表 1.4）。

表 1.4 改革开放以来上海对外贸易统计（1978—2006）

年份	外贸进出口商品总额（亿美元）	外贸进口商品总额（亿美元）	外贸出口商品贸易总额（亿美元）	外贸进出口差额（亿美元）	外贸进出口相当于生产总值的比例	外贸出口相当于生产总值的比例
1978	30.26	1.33	28.93	27.60	19.1%	18.2%
1980	45.06	2.40	42.66	40.26	21.5%	20.4%

27. 江若尘《世界与中国跨国公司发展趋势及对上海未来的影响》，《科学发展》2016 年 5 期，104 页。

续表

年份	外贸进出口商品总额（亿美元）	外贸进口商品总额（亿美元）	外贸出口商品贸易总额（亿美元）	外贸进出口差额（亿美元）	外贸进出口相当于生产总值的比例	外贸出口相当于生产总值的比例
1985	51.74	18.13	33.61	15.48	35.5%	23.0%
1990	74.31	21.10	53.21	32.11	47.0%	33.6%
1995	190.25	74.48	115.77	41.29	63.6%	38.7%
1996	222.63	90.25	132.38	42.13	62.6%	37.2%
1997	247.64	100.40	147.24	46.84	59.7%	35.5%
1998	313.44	153.88	159.56	5.68	68.3%	34.8%
1999	386.04	198.19	187.85	-10.34	76.3%	37.1%
2000	547.10	293.56	253.54	-40.02	94.9%	44.0%
2001	608.98	332.70	276.28	-56.42	96.7%	43.9%
2002	726.64	406.09	320.55	-85.54	104.8%	46.2%
2003	1123.97	639.15	484.82	-154.33	139.0%	59.9%
2004	1600.26	865.06	735.20	-129.86	164.1%	75.4%
2005	1863.65	956.23	907.42	-48.81	166.6%	81.1%
2006	2274.89	1139.16	1135.73	-3.43	174.9%	87.3%

资料来源：孙海鸣《上海30年：改革开放与经济发展》，上海财经大学出版社，2008年，273—274页。

上海在扩大对外开放的同时，积极展开与内地的经济交往。从1979年起，上海市政府批准逐步恢复“文革”中关闭的国务院各部委和各兄弟省市驻沪办事机构，为各地与上海的经济交往创造便利条件。1982年，市政府撤销市计委协作办公室，成立市政府协作办公室。1983年，上海提出“外挤、内联、改造、开发”的城市发展方针，即发展对外经济贸易、加强对内经济联合，改造老企业和老城市，开发经济、科技和建设新领域。

1984年，国务院振兴上海调研组与市政府联合制定上海经济发展战略，提出上海对国内外都要开放，要起到沟通内外桥梁的作用。上海颁布了《关于兄弟地区来本市开店办厂的暂行办法》《关于本市企业同兄弟地区企业开展经济技术合作若干问题的规定》。

在1985年国务院批转的《汇报提纲》中，中央要求上海成为利用外资、引进外技的主要门户，以及消化吸收后向内地转移先进技术和管理方法的桥梁；成为全国的商品集散地和最重要的外贸口岸；成为全国最重要的金融市场和经济技术信息中心；成为面向全国培训技术人员、经营管理人员、高级技工的培训中心。中央还具体地规划上海按三个空间层次有计划、有重点地展开对内联合：第一层次是上海经济区的江苏、浙江、安徽、江西四省一市；第二层次是长江流域；第三层次是与全国各地开展各种形式的经济技术联合与协作。

1986 年，上海市政府颁布《上海市进一步推动横向经济联合的试行办法》，规定横向经济联合要以企业为主体、以大中型企业为骨干、以优质名牌产品为龙头进行组织。

20 世纪 90 年代，上海按照“开发浦东、服务全国、优势互补、互惠互利、联动发展、共同繁荣”的方针，制定了一系列鼓励、吸引中央各部委和兄弟省市企业共同参与浦东开发的政策。1991 年 5 月，市政府批转《上海市鼓励外地投资浦东新区的暂行办法》，鼓励国内企业来上海投资建设，共同发展。

1992 年 6 月，市政府进一步放宽各地在沪设立办事机构的条件，同年 7 月，给予前来浦东新区参与发展的长江三角洲及长江沿江地区省市及企业八个方面的优先政策，即：优先接纳进入外高桥保税区开展外贸业务；优先赋予自营产品出口权；优先接纳兴办金融保险业；优先允许在上海经营批发和零售商业；优先吸纳参与浦东新区南北干道杨高路两侧的开发建设；优先允许参与长江口大片地区的开发；优先开放浦东新区的房地产和建筑市场；优先给予上述地区来沪投资经营实体的人员在浦东新区落户的指标。

1994 年，上海开展新一轮横向经济联合，明确提出了“优势互补、互惠互利、联动发展、共同繁荣”的指导思想，与兄弟省市共同探索开展国内协作的新途径和新形式。

1995 年，上海市编制了《上海市国内经济协作“九五”计划和 2010 年远景目标》，提出把产业结构战略性调整和产业向长江流域转移结合起来，鼓励和支持企业在长江流域进行跨地区投资；吸引全国各地参与上海大市场建设，增强上海市场配置资源和为全国服务的功能。

1996 年，上海又提出经济工作要实现五个“同时”，即商品流通要在注重自身“万商云集”的同时，积极促进长江沿岸城市及全国商贸的共同发展；产业结构调整要在注重内部战略性调整的同时，积极推动长江沿岸城市产业结构优化和升级；基础设施建设要在注重城市建设和改造的同时，加强枢纽功能的重大项目建设；资金通融要在注重吸纳的同时，增强向长江流域及全国各地的辐射；企业经营要在注重商品生产经营的同时，开展跨地区资产经营。[28]

1997 年底，中共上海市第七次党代会决定，把对内开放作为迈向新世纪的一项重要历史任务，确定了“重在服务全国、促进联动发展和共同繁荣”的战略目标。1998 年 5 月，上海《关于进一步服务全国扩大对内开放的若干政策意见》正式发布，按照“降低门坎、公平待遇、重点扶持、综合配套”的原则，鼓励中央部委和兄弟省市各种经济成分的企业、特别是大企业（集团）来沪投资。

2000 年，上海市隆重召开国内合作工作会议，制定了《上海市国内合作“十五”计划纲要和 2015 年长期规划》，颁布了推进对内合作的“17 条”，后扩充为“24 条”。2001 年又出台了《关于进一步服务全国扩大对内开放的若干政策意见》，对“24 条”进行重大修改，提出了开展对内合作的新“26 条”，为各地企业在上海发展创造更为开放、平等、优化的发展环境，成为上海加强东、中、西部经济技术交流与合作、实现优势互补、促进区域协调发展、加快自身发展需要与互相融合的一项指导性政策，承诺对来沪投资或从事其他商务合作的国内企业予以沪上企业所享受的同等待遇，其在沪员工及其家属亦可在社保及子女教育等环节享受上海市民待遇。

20 世纪 90 年代，上海将培育和发展要素市场作为重点，形成了证券、外汇、产权、房地产、人才、技术等国家级市场或区域性市场。要素市场的建立，使上海初步成为全国资金流、商品流、技术流、人才流和信息流的集散地和交汇枢纽（表 1.5）。

表 1.5 上海要素市场体系建设大事记（1990—2000）

时间	重要事件	意义及影响
1990 年 12 月	上海证券交易所成立	重新确立上海在全国资本市场的地位，标志着中国证券市场迈出了从无到有的第一步

28. 康燕《解读上海》，上海人民出版社，2001 年，24 页。

续表

时间	重要事件	意义及影响
1992年1月	上海短期资金调剂中心更名为“上海融资中心”	全国最大的同业拆借中心
1992年2—11月	人民币特种股票——上海电真空B股在上交所上市。国内贸易部和上海市政府联合组建的上海金属交易所开始运转。发行股票认购证，后尝试储藏发行模式，施行网上“单一定价，竞价发售”的方法	上海第一家国家级期货市场。上海全国资本市场的中心地位初步确立，直接带动了银行、保险、信托等金融产业的发展
1992年11月	上海市人才服务中心正式成立	上海率先实现从人才流动到建立固定人才市场的跨越
1992年12月—1993年12月	上海先后成立煤炭交易所、农业生产数据交易所、化工交易所、石油交易所、粮油商品交易所、汽车交易市场和建筑材料交易所7家国家级大型商品市场，各类初级批发市场、区域级批发市场203个，国家级或引进期货制的批发市场、交易所11个	上海全面建设现代市场体系开始，上海商品市场体系形成
1993年12月	上海技术交易所建成	全国第一家国家级常设技术市场，主要进行专利和技术的交易
1994年1月	上海城乡产权交易所正式成立	上海第一家规范运作并与全国产权联网的产交所
1994年4月	中国外汇交易中心在上海正式开业	上海成为中国市场汇率的生产地，外汇市场由地方分割走向全国统一
1994年10月	建筑材料、石油、农资和化工四家交易所合并，成立上海商品交易所	
1996年3月	在原上海城乡产权交易所基础上，成立新的上海产权交易所	发展成为上海全市法定的、统一的产权交易所
1996年	上海黄金交易市场建立	推出个人实盘交易业务，极大丰富了上海市场体系
1996年4月	上海外高桥保税区生产数据交易市场建立	全国最大的保税交易所市场
1996年11月	上海航运交易所正式开业	中国第一个集市场交易管理、市场价格调节、市场信心沟通等功能于一体的国家级水运交易市场，标志着上海向国际航运中心发展迈出了实质性的第一步
1996年11月	全国性资金拆借中心在上海正式挂牌运转	

续表

时间	重要事件	意义及影响
1998 年 8 月	上海金属、商品、粮油期货交易所 3 家合并，组建上海期货交易所	交易所投资规模、品种数量、成交量和成交额、辐射范围、参市人数等领先于全国，期货发现功能广泛认可，其中铜的“上海价格”，已成为中国国内铜市场的权威报价和全球三大铜定价中心之一
1999 年 12 月	上海技术交易所改组为上海技术产权交易所	产权交易功能延伸至科技成果转化领域
2000 年 10 月	上海钻石交易所成立开张	中国唯一的国家级钻石交易所和钻石进出口交易平台

资料来源：周振华、陶纪明《上海战略研究》，格致出版社、上海人民出版社，2014 年，99—100 页。

在罗兹・墨菲看来，上海成为大城市，“主要是因为它位于世界上幅员可以比得上无论什么地方、土地最肥沃、人口最众多的地区的顶点，即长江流域下游地区的顶点”。[29] 上海与长三角地区地域相邻、人文相近，在历史上有千丝万缕的联系。上海工业生产和居民日用所需的各种原材料和农副产品大都来自长三角，长三角城乡所需的各种洋货和国货则来自上海。

20 世纪 30 年代的一个调查显示，浙江省吴兴县包括土丝在内的绸、米、菜、鱼等 25 种输出商品中，主要和大部分输往上海的占 14 种；而吴兴县所需输入的包括米、糖、南北货、布匹、棉织品、洋广杂货、铁、五金等 30 种主要商品中，主要和大部分来自上海的占 16 种。[30]

虽然上海与长三角具有历史、文化和经济的内在联系，但在计划经济时期，并不存在联动效应。改革开放之后，在市场机制驱动和经济利益的作用下，跨地区合作交流初显端倪。从 20 世纪 80 年代开始，上海一些企业的工程技术人员利用周末时间，为江浙等地乡镇企业提供技术咨询服务，被称为“星期六工程师”。一些企业从最初在江浙地区兴办各种形式的联营企业，逐步发展到在产品生产、市场销售、技术开发、服务咨询等方面开展跨地区的联营合作。

1983 年，国务院上海经济区规划办公室正式成立，其主要职能是通过区

29. 周武《上海学（第一辑）》，上海人民出版社，2015 年，2 页。
30. 同上，8 页。

域规划和相应的协调，解决地区间、部门间的矛盾，促进地区和企业的经济联合。该经济区最初由上海和长江三角洲的苏州、无锡、常州、南通及杭州、嘉兴、湖州、宁波等城市组成。到 1986 年，扩大到上海市和江苏、浙江、安徽、江西、福建等五省一市的地域范围。

上海经济区规划办公室所做的主要工作包括编制到 20 世纪末《上海经济区发展纲要》、长江口黄浦江与太湖的开发整治规划；促成化工、纺织、交通、电子等各行业在经济区内的互通信息与协调发展；推动经济联合，建立一批以大中城市骨干企业为核心，跨部门、跨地区的产业集团；推动资金融通，建立资金市场；促进各类商品交易会、订货会的展开，推动经济区内外的商品交流；推动交通建设、发展运输网络，以及规划电信事业的发展等。[31]

作为一个规划和协调机构，上海经济区规划办公室行政调控力不足、权威性不够，因难以突破传统计划经济管理体制的制约、难以超越行政区域的藩篱，面对地方利益诉求力不从心，只得在 1988 年 6 月草草收场。但上海经济区“市长联系会议制度”演变为长三角 16 城市市长参加的“长江三角洲城市经济协调会”，发挥了重要作用。

1990 年，党中央、国务院宣布浦东开发开放重大战略决策后，上海在长江三角洲乃至整个长江流域的中心城市地位重新得到确认。1992 年，中央组织召开长三角及长江沿岸地区经济规划座谈会，促进了长三角地区与上海的主动接轨和合作联动。上海也主动依托并融入长三角地区，由此推动了上海与长三角地区一体化发展的新进程。长三角跨区域合作机制也逐步建立起来。

1997 年，由上海、无锡、宁波、舟山、苏州、扬州、杭州、绍兴、南京、南通、常州、湖州、嘉兴、镇江、泰州等 15 个城市组成经济协调组织——长江三角洲城市经济协调会（后又增加了台州市），其主要任务是推进长三角城市间合作项目实施，协调解决城市间的实际问题。

2006 年以后，为响应江浙等地提出的“接轨上海、规划公绘、交通共建、产业俱兴、环境共保”等区域一体化投资环境建设目标和要求，上海着手创新区域合作交流机制，在规划衔接、政策协调、项目建设等重大问题上及时进行

31. 张仲礼《上海和上海经济区在中国经济现代化中的地位和作用》，《社会科学》1988 年 1 期，21 页。

沟通，逐步形成了政府层面上多层次定期磋商机制。第一层次是三地最高决策层一年一度的峰会，就区域发展的重大战略问题进行定期商谈，研究确定区域合作的总体要求和重点事项；第二层次是以长三角一市两省的常务副省（市）长以及相关部门领导的定期会晤机制，推进落实两省一市主要领导明确的各项工作重点；第三层次是两省一市政府相关职能部门参加的专题合作机制，从而确立了“主要领导座谈会明确任务方向，联席会议协调推进、联席会议办公室和重点专题组具体落实”的决策层、协调层、执行层“三级运作”的区域合作机制（表 1.6，图 1.1）。

2007 年 5 月，时任总理温家宝在上海主持召开长江三角洲地区经济社会发展协调会，明确提出长三角的发展战略将成为一个“国家战略”，要求长三角应充分发挥区域优势，促进长三角地区实现率先发展。2008 年 9 月，国务院出台《关于进一步推进长三角地区改革开放和经济社会发展的指导意见》。2010 年 6 月，国务院正式批准实施《长江三角洲地区区域规划》。2016 年 6 月正式公布《长江三角洲城市群发展规划》。上述规划明确了长三角地区发展的战略定位和发展目标：亚太地区重要的国际门户、全球重要的现代服务业和先进制造业中心、具有较强国际竞争力的世界级城市群；提出以上海为发展核心，优化提升上海核心城市的功能，充分发挥国际经济、金融、贸易、航运中心作用，大力发展现代服务业和先进制造业，加快形成以服务业为主的产业结构，进一步增强创新能力，促进区域整体优势的发挥和国际竞争力的提升。

表 1.6 长三角区域政府协同治理形成过程（1982—2010）

时间	一体化进程
第一阶段	**萌芽起步阶段**
1982 年 12 月 22 日	国务院决定成立上海经济区，成为长三角的最早雏形
1983 年 3 月 22 日	上海经济区规划办公室正式成立。上海经济区包括上海、苏州、无锡、常州、南通、杭州、嘉兴、湖州、宁波、绍兴等 10 个城市
1984 年 8 月 18 日	第一次上海经济区规划工作会议召开，建立了包括上海、江苏和浙江的“首脑”会议制度、10 市市长联席会议制度
1984 年 12 月 6 日	安徽省成为经济区成员
1986 年 7 月 10 日	通过《上海经济区章程》，江西、福建先后加入

续表

时间	一体化进程
第二阶段	**协商发展阶段**
1992 年 1 月 15 日	14 个城市联合成立长江三角洲协作办（委）主任联席会议
1997 年 8 月 6 日	泰州加入，15 个城市成立长江三角洲城市经济协调会
1999 年 5 月 6 日	长三角城市经济协调会第二次会议在杭州召开
第三阶段	**协同治理阶段**
2003 年 8 月 19 日	台州加入，成员城市扩大到 16 个。《关于进一步推进经济合作与发展的协议》和《进一步加强经济技术交流与合作的协议》等一揽子协议签订
2004 年 11 月 2 日	长江三角洲城市经济协调会由每两年开一次改为一年一次
2007 年 5 月 15 日	国务院总理温家宝在上海举行长三角经济社会发展专题座谈会
2007 年 5 月 30 日	《长三角区域大通关建设协作备忘录》签署
2008 年 9 月 7 日	国务院通过《关于进一步推进长江三角洲地区改革开放和经济社会发展的指导意见》
2010 年 6 月 22 日	国务院批复《长江三角洲地区区域规划》

资料来源：汤蕴懿等《政府职能转型——从政府管理到公共服务》，上海人民出版社，2013 年，147 页。

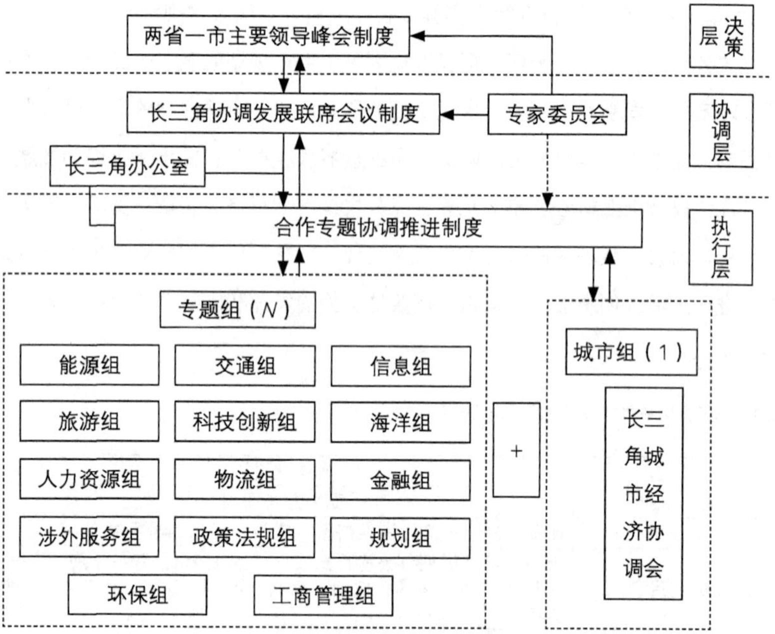

图 1.1 长三角区域协作协调机制构成结构图

资料来源：汤蕴懿等《政府职能转型——从政府管理到公共服务》，上海人民出版社，2013 年，148 页。

2014年上海市政府《关于编制上海新一轮城市总体规划的指导意见》提出："上海在2020年基本建成四个中心和社会主义现代化国际大都市的基础上，再进一步努力建设成为具有全球资源配置能力、较强国际竞争力和影响力的全球城市。"不过，有些学者认为，上海的国际竞争力来源与纽约、伦敦、香港等其他顶级世界城市是不同的。上海全球竞争力的大幅提升相当程度上来自区域腹地长三角地区日益强烈的国际经济联系。可以说，没有区域发展的支撑和服务中心地位，就没有上海的全球地位。[32] 与长三角腹地的一体化将是上海谋求全球城市更高全球地位的基础。像伦敦之于英国一样"脱开"长三角和中国经济的整体发展，去追求"配置全球资源"和获得孤岛式的繁荣，并不一定比上海"利用全球资源""互动长三角腹地""服务中国经济"更为明智、更具有现实意义和历史价值。[33]

上海开埠前，就已经是东南沿海著名的商贸港口，当时主要经营沿海各地转口贸易以及长江和内河贸易。开埠后，内外贸易的发展，极大地提高了上海对长江中下游地区的吸引力和辐射力，上海与沿江城市之间的经济联系和互动日益密切。在近代中国，上海同长江沿线主要的都市贸易量，几乎要超过这些城市贸易总量的70%。

1985年2月，国家体改委在武汉召开城市经济体制改革座谈会，期间召集宁、汉、渝三市就"发挥中心城市作用，联合起来综合开发利用长江黄金水道"问题进行讨论，并签署《宁汉渝三市关于联合开发利用长江座谈会纪要》。同年底，沪宁汉渝四市领导及有关部门负责人聚会重庆，成立长江区域合作机制——"长江沿岸中心城市经济协调会"。经过多年努力，协调会成员扩大到沿江29个城市，已召开17次联席会议[34]（表1.7）。

32. 赵民等《新时期上海建设"全球城市"的态势辨析与战略选择》，《城市规划学刊》2014年4期，10页。
33. 同上，13页。
34. 周振华、洪民荣《上海改革开放40年大事研究》（卷十一），格致出版社，2018年，89页。

表 1.7 上海召开长江沿岸中心城市经济协调会主要内容

届次	会议时间	会议地点	主要内容
第四届	1988 年 11 月	上海	会议提出“抓区域、促流域、抓专题、促联合”的工作方针。在国家有关部门和沿江城市共同努力下，初步使各专题形成网络化格局
第八届	1996 年 3 月	上海	会议举行了“迈向 21 世纪的长江”研讨会，举办了“腾飞的长江”沿江城市风貌展示。会议提出积极建设长江三角洲及沿江地区经济带投资与协作信息网络，积极推进长江商贸走廊建设
第十二届	2004 年 11 月	上海	会议主题为“发挥长江黄金水道作用，推进长江流域经济联动发展”。会议决定，共同开展推进长江“黄金水道”建设的专题研究，积极探索加强高层次协商机制，进一步推进沿江 4 个区域的合作
第十五届	2012 年 12 月	上海	通过《上海宣言》，并商定今后两年长江协调会着重在园区共建、口岸合作、知识产权合作、文化合作、生态保护、流域合作机制建设等 6 个方面推进相关工作

资料来源：周振华、洪民荣《上海改革开放 40 年大事研究》（卷十一），格致出版社，2018 年，89 页。

1992 年 10 月，党的十四大提出：“以上海浦东开发开放为龙头，进一步开放长江沿岸城市，尽快把上海建设成国际经济、金融、贸易中心之一，带动长江三角洲和整个长江流域地区经济的新飞跃。”根据中央对上海发展战略的定位，上海提出了“优势互补、互惠互利、联合发展、共同繁荣”的指导方针，把上海产业结构调整与在沿江进行产业战略布局结合起来，鼓励和支持上海本地企业发挥资金、人才、管理、信息优势，在长江流域进行跨地区投资，建立了一大批合资合作企业、商业网点。

进入 21 世纪后，上海与长江流域的合作进入新阶段。2004 年，中央领导作出“高度重视水运，充分发挥长江黄金水道作用”的重要指示后，建立了部、省市协调机制。在国际航运中心建设中，上海按照“继续推进上海国际航运中心建设，加快建设具有区域性枢纽作用的港口”的要求，以构建“长江物流和沿海以及国际物流交汇中转枢纽，长江国际集装箱物流枢纽，长江物流信息中心和长江物流高端服务中心”为基本定位，带动长江沿岸港口基础设施建设，形成覆盖长江流域广阔腹地的港口布局体系，实现上海国际航运中心与长江黄金水道建设的联动发展。

2014 年 9 月，国务院在部署长江经济带发展战略时，明确提出要“建成畅通的黄金水道，形成以上海国际航运中心为龙头、长江干线为骨干、干支流网络衔接、集疏运体系完善的长江黄金水道”，标志着发展长江经济带正式上升为国家战略。长江经济带发展战略的实施，为上海带来新的机遇，也带来挑战。

总之，改革开放之后，上海作为“世界进入中国、中国走向世界”的“国际通道”，重新成为联结内地与融入世界的重要桥梁，并且融入世界、服务全国也成为上海自觉的战略选择。2000 年，时任上海市委书记黄菊在讲到上海教育科技发展时，就提出如何在全国的大格局中确立上海科技、教育的地位：[35]

——上海的科技要做大，首先思路上要有新突破。一定要超越一点，拓展一点，必须融入全国、融入世界。要把上海的科技看成是全国的科技。通过多种形式和途径，使上海的科研机构与全国最有名的研究机构，不管是北京、深圳还是其他省市的，进一步结合起来，做到你中有我，我中有你。不仅要融入科技项目中，还要融入组织体制中。假如未来上海的科技还是与全国分得非常清楚，就永远争不到领先地位，就不可能做大。这就需要我们跳出上海，大力支持上海的科技企业到各地去发展，也要欢迎全国著名的科技企业到上海来扎根，不管它的名称叫不叫“上海”，只要在上海做大就行。

——要明确一个指导思想，在服务全国中实现上海自身教育的发展。作为经济中心城市，上海的教育在全国的教育发展中应有其特殊作用。首先，教育事业服务全国是上海的光荣任务。我们在研究上海教育的未来发展时，必须考虑如何把上海的教育与全国的教育联系起来，探索为全国各地培养人才的新途径，更好地为全国特别是贫困地区服务。其次，教育事业服务全国也是上海教育发展的必然要求。再过五年十年，上海的教育资源可能会相对过剩。良好的教育资源、众多的就业机会、是上海教育发展的综合优势。未来上海教育的发展潜力还很大，关键是怎么能够推动体制创新，实现教育资源的优化配置。

35. 康燕《解读上海》，上海人民出版社，2001 年，278 页。

引领与示范：中国现代化的试验田

作为通商口岸、港埠城市，上海与世界文化交流、贸易往来频繁。西方的新观念、新思想、新文化、新科技等很多通过上海引进中国，从而影响到中国现代化的发展。近代意义上的公用事业，如电气、自来水、煤气、柏油马路都是从上海租界开始的。近代公司制度、近代保险、近代银行金融制度都率先在上海出现并在中国逐渐发展成长。由于“不仅接触西方文化早、吸纳快、把握也较为全面”，上海始终在近代中国发挥着模范、引领作用，创造了诸多第一。

新中国成立后，上海成为综合性的工业基地，在国内产业转换的过程中起着领先和带头的作用。在第二个五年计划制定时，上海提出向高级、精密、尖端方向发展，目标是赶超国际先进水平，把上海建设成为我国先进工业和科学技术基地。此后，一个以发展新材料、新设备、新技术、新工艺为中心，促进上海工业生产向高精尖方向发展的工作全面展开，涌现了一大批赶超国际水平的新产品。

改革开放之初，中央提出，上海必须切实贯彻执行中共十二届三中全会通过的关于经济体制改革的决定，积极推进城市经济体制的全面改革，改革的步子迈得更大一些，要走在全国的前面，为实现我国城市经济体制改革的伟大任务作出应有的贡献。上海开创了得风气之先的众多第一（表 1.8）。

表 1.8 20 世纪 80 年代上海市场体系建设重要事件及影响

时间	重要事件	意义及影响
1979 年	上海房地产市场启动	商品房交易开启
1981 年	上海成立了国内第一个外汇交易市场	开启了我国外汇交易的新时代
1984 年 9 月	上海第一个个体服装市场在华亭路诞生	极大丰富了上海市民的生活
1984 年 3 月	上海率先试办了人才市场，设立了上海市人才交流服务处和上海市人才银行	为上海城市发展储备了重要的人力资本
1986 年	上海试办了全市第一个劳动力市场	迈出了劳动力市场化要素定价的第一步

续表

时间	重要事件	意义及影响
1987 年	上海制定了《上海市土地使用权有偿转让办法》	土地改革制度新探索
1988 年	人民路开设各种生产资料商店	为小企业生产经营提供了便利
1990 年 12 月	上海证券交易所成立	重新确立上海在全国资本市场的地位，标志着中国证券市场迈出了从无到有的第一步

资料来源：肖林、周国平《卓越的全球城市：不确定未来中的战略与治理》（上卷·战略环境），格致出版社、上海人民出版社，2017 年，132 页。

20 世纪 90 年代，党中央、国务院作出了开发开放浦东的重大战略性决策，中央、国务院在《关于开发和开放浦东问题的批复》中指出，开发和开放浦东是一件关系全局的大事，是中国深化改革、进一步实行对外开放的重大部署。上海有良好的政治经济基础，有一批素质较高的科技管理人才，有一支强大的产业工人队伍，有优越的地理环境和便利的交通运输条件，又同海外各地有着广泛的联系。充分利用这些优势，有计划、有步骤、积极稳妥地开发和开放浦东，必将对上海和全国的政治稳定与经济发展产生极其重要的影响。而开发和开放浦东的成功，一定能为中国沿海地区和全国的经济发展作出新的贡献。上海再次成为中国改革和对外开放的窗口、前沿阵地。以浦东开发开放为契机，上海在许多领域进行了大胆的改革与创新，率先做了许多新的探索与尝试。诸如土地批租、引进外资、市场体系建设、园区开发、国资国企改革、社会保障体系建设、医疗卫生改革、社区发展等，取得了显著成效。其中许多先行先试的经验和成果得到中央的肯定和推广，得到兄弟省市的认可和借鉴。[36]

1993 年成立的浦东新区管理委员会，着力改变政府职能、打造服务型政府，率先实行“小政府、大社会”的管理模式：（1）机构与职位的设置实行精兵简政；（2）行政管理层次上实行两级结构，即新区政府直接领导各个街道、乡镇；（3）职能管理体系上实行“系统综合”，将行业管理职能按大系统进行归并设立综合性管理部门；（4）政府行政管理体制实行政企分开（图 1.2）。

36.《国家试点：上海样本的创新与示范》，上海人民出版社，2017 年，2 页。

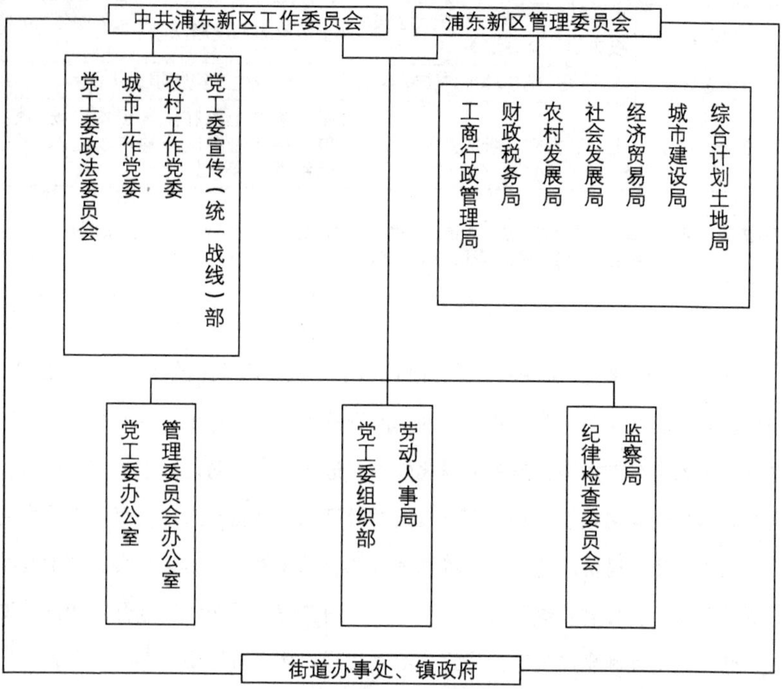

图 1.2 浦东新区政府创新的管理模式

资料来源：郭定平《上海治理与民主》，重庆出版社，2005 年，69 页。

1996 年，浦东新区对外招商引资在全国率先实行一门式服务。“一门式服务”将浦东新区经贸、综合规划、农发、城建、工商、税务、劳动、商检、卫生防疫、水、电、煤、通信、文化等 15 个部门设立的 28 个窗口集中在招商中心，实行“一门受理、并联审批、两审终结”，提高了工作效率，加快了招商引资进度。新区政府还有计划地培育社会中介组织的发展。

2005 年，国务院批准浦东进行综合配套改革试点，要求浦东深入推进企业、市场、社会、政府的四位一体的改革，着力改变政府职能、着力改变经济运行方式、着力改变城乡二元经济与社会结构，率先建立起完善的社会主义市场经济体制，为推动全国改革起示范作用。上海市人民政府制定《上海浦东综合改革试验区综合框架方案》，提出了 7 项改革任务：（1）推动政府转型，探索公共服务型政府体制和机制。重点是把政府职能转到经济调节、市场监管、社会管理和公共服务上来；（2）加快发展各类要素市场，积极推动金融创新。重点是增强浦东要素市场的集聚度，提高金融服务功能，更大程度地发挥市场配置资源的作用；（3）加快社会领域改革探索，促进经济社会协调发展。重点推进教育、文化、卫生领域的改革，全面提升保障和服务水平，探索一套符合我国国情的制度体系；（4）率先消除城乡二元制度障碍，推进城乡一体化发展。重点是消除城乡分割的制度障碍，走新型工业化道路，加快形成以人为本的城乡经济社会共同发展机制；（5）大力发展混合所有制经济，增强微观经济主体活力。重点是探索混合所有制的实现形式，增强企业的活力和竞争力；（6）加快科技体制改革，增强创新能力。着眼于提升国际竞争力，形成有利于创新的制度和体制环境，以推动产业升级和结构优化；（7）扩大对外开放，形成与国际惯例靠拢的市场运行环境。坚持请进来和走出去并举，充分发挥“两种资源、两个市场”的作用，增强国际竞争力。国家发改委又提出 3 项改革：（1）大力培育和发展中介组织，提高经济活动的社会组织化活动；（2）探索建立人力资本优化积累机制，创造人才强国的制度环境；（3）建立科学的调节机制，完善与经济社会发展水平相适应的现代社会收入与保障体系。

十多年来，浦东综合配套改革按照国务院批复方案的要求，先后完成几轮综合改革三年行动计划，在一些重点领域和关键环节取得了突破，积累了一些可复制、可推广的经验（表 1.9）。

表 1.9 上海浦东新区国家综合配套改革试验区中期评估经验及推广一览表

试点经验成熟度及推广范围	改革领域	经验内容
较为成熟，可以上升到制度层面的试点经验	在深化行政体制改革方面	推进并联审批、权力公开、企业注册登记信用承诺的行政审批制度改革
		创新预算管理、契约式采购、第三方评估的政府购买服务改革

续表

试点经验成熟度及推广范围	改革领域	经验内容
较为可行，可以在更大范围推广的试点经验	在深化科技体制改革方面	建立市场化科技经济投入机制和“股权 + 债券”融资体系
	在构建开放型经济新体制方面	以联合监管、无纸化通关、海关特殊监管区整合为核心内容的口岸管理体制和贸易便利化体制改革
	在完善公共服务体制改革方面	推动“管理方式、办学制度、评价机制联动”的教育“管办评”体制改革
		建立“社区医疗联合体 + 全科医生”的基层医疗卫生服务模式
	在创新社会治理体制方面	以简化社会组织登记、公益园孵化培育、加强党建和监管为核心内容的社会组织体制改革
		完善以村民议事会和制定村民自治章程为主要内容的村级基层自治制度
需要一定前提条件，可以因地制宜在符合条件地区推广的试点经验	在优化政府组织结构、完善公务员管理制度方面	整合行政资源、综合监管执法的模块化政府组织结构改革
	在构建金融体系方面	完善金融资产价格形成机制，丰富金融市场层次
	在创新企业发展机制方面	通过创新企业注册登记和市场监管方式，建立互联网等新业态、新模式企业发展新机制
尚未成熟，需要继续探索的改革试验	在市场准入制度改革方面	市场准入负面清单管理体制

资料来源：郭冠男《当前重大改革评价制度推进情况解析》，《中国经贸导刊》2015 年 19 期。

作为改革开放的先行区，上海是一块比较好的改革“试验田”。而且，上海具有内生的率先改革的迫切要求及其条件。上海的发展较之于全国领先一步，而且上海与全球的连接更广泛和密切，因此上海往往比其他地方更早感受到发展的新变化和新要求，更早直面发展中的新问题，更早需要破解发展的新困境。[37] 创新取得制度上的先发效应，也可使上海有可能一直走在改革发展的前面。

党的十八大之后，中央又明确要求上海当好改革开放排头兵和创新发展先行者，把许多国家改革试点放在上海。

37.《国家试点：上海样本的创新与示范》，上海人民出版社，2017 年，3 页。

2013 年 3 月，李克强总理在上海调研，在视察外高桥保税区时提出，建立自由贸易区来进一步扩大开放，推动开放型体制和机制的建立。上海和中央有关部门沟通后，于 6 月向中央提交总体方案，得到国务院的迅速批准。2013 年 9 月 29 日，中国（上海）自由贸易试验区正式挂牌成立，其目标是要适应全球化，在投资领域的高度开放、国际贸易的转型升级、金融领域的开放创新、政府管理的依法高效、海关监管的“境内关外”等方面构建对标国际的制度安排。

2015 年 4 月，国务院颁布《进一步深化中国（上海）自由贸易试验区改革开放方案》，决定在原来试点基础上，进一步扩大试点区域，涵盖上海外高桥保税区、上海外高桥保税物流园区、洋山保税港区、上海浦东机场综合保税区以及陆家嘴金融片区、金桥开发片区、张江高科技片区，由此上海自贸区的空间范围拓展至 120.72 平方公里。以“开放度最高的投资贸易便利、货币兑换自由、监管高效便捷、法制环境规范的自由贸易园区”为发展目标，上海自贸区“继续积极大胆闯、大胆试、自主管”，深化完善以负面清单管理为核心的投资管理制度、以贸易便利化为重点的贸易监管制度、以政府职能转变为核心的事中事后监管制度，形成与国际投资贸易通行规则相衔接的制度创新体系，充分发挥金融贸易、先进制造、科技创新等重点功能承载区的辐射带动作用（表 1.10）。

表 1.10 上海自贸试验区改革措施推进计划

功能定位	改革措施
贸易便利化	海关推出 19 项改革措施，包括“先进区、后报关”“分送集报、自行运输”、自动审放、自主保税、联网监管、优化查验、集中汇总纳税、保税展示交易等
	出入境检验检疫局推出 23 项改革措施，包括预检验、第三方检验结果采信、全球维修业务监管等
	海关和出入境检验检疫局实施了“一次申报、一次查验、一次放行”
	国际贸易“单一窗口”
投资自由化	制定首份负面清单，2014 年负面清单特别管理措施由原来的 190 项改为 139 项
	创新事项登记制度，包括注册资本认缴制、先照后证等

续表

功能定位	改革措施
金融国际化	启动自由贸易账户，开展跨境资金划拨和贸易融资活动等
监管综合化	健全社会信用体系，建立公共信用信息子平台
	建立企业年度报告公示和经营异常名录制度
	健全信息共享和综合执法制度
	建立社会力量参与市场监督制度，发挥行业协会和专业机构作用，设立仲裁院

资料来源：周振华、洪民荣《上海改革开放 40 年大事研究》（卷五），格致出版社，2018 年，63 页。

2017 年 3 月，国务院批准《全面深化中国（上海）自由贸易试验区改革开放方案》，确定了未来三年上海自由贸易试验区进一步改革的方向，提出对照国际最高标准，查找短板弱项，加强改革系统集成，力争取得更多可复制可推广的制度创新成果。根据述上方案，上海自贸试验区确立了“三区一堡”的新目标：建设改革和创新融为一体的综合改革试验区、开放型经济体系的风险压力测试区、提升政府治理能力的先行区，服务国家“一带一路”建设和推动市场主体走出去的“桥头堡”。

中央与上海发展

一个自主性的城市

在近代中国，与其他城市相比，上海是一个独立性和自主性较大的城市。

1842 年，中国在鸦片战争中失败，被迫签订《南京条约》。《南京条约》规定中国开放五个通商口岸，上海为其中之一。1843 年，中英双方签订《虎门条约》，规定英商可在上海等五口通商，或长久居住，或不时往来，中国地方官府应根据当地情况，定一地方，准英人租住或建房居住。同年 11 月 17 日，上海正式开埠。1845 年 11 月 29 日，《上海土地章程》订立。这个章程凡 23 款，具体规定租地方法、租地范围、租地使用范围、租地市政管理原则。《上海土地章程》的颁布，宣布了英租界的辟设。此后美租界（1848）、法租界（1849）相继辟设。

1854 年，英法美联合成立租界市政机关——工部局。工部局的主要职责是处理租界内的日常管理事务，包括市政工程的建造与维修；制定相关规章；负责警务及社会治安等。工部局下设工务、警备、财政、防卫、电气、卫生、运输等 20 余个常设委员会和捕房特别调查、普通教育、特别电气、宣传等 10 余个特别委员会，形成一套自成体系的租界自治管理机构（图 1.3）。1862 年，因不满其在工部局的地位，法租界成立公董局。公共租界工部局和法租界公董局独立于中国行政系统，有相对独立的立法权、行政权和司法权。

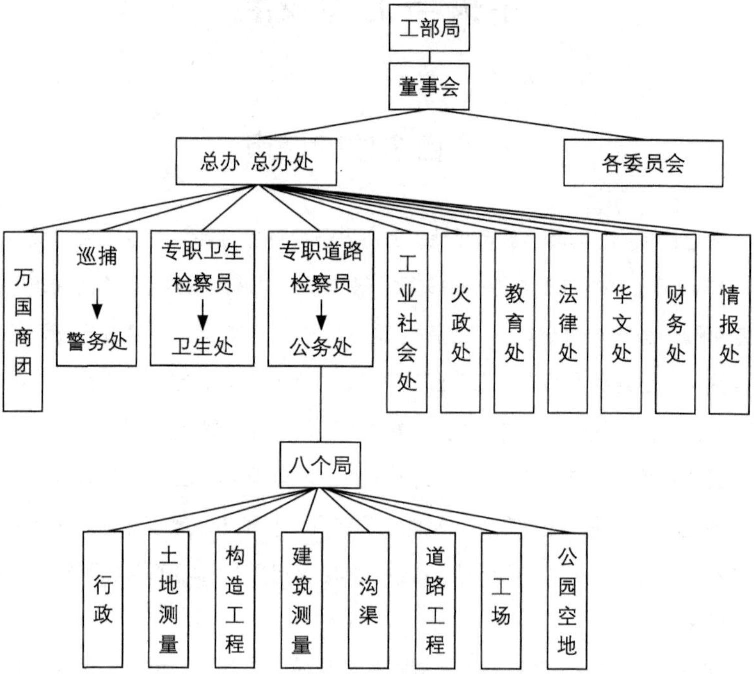

图 1.3 工部局机构示意图

资料来源：胡晓鸣、刘丹、翁芳玲《上海租界百年对城市发展的启示》，《城市规划》2008 年 10 期，53 页。

而在华界，很多事由地方自行决定。华界最早的市政机关是上海绅士 1895 年建立的南市马路工程局，所从事的主要活动是救助穷人和孤儿，以及诸如筑路、治安和消防。1905 年，上海城厢内外总工程局成立，下设户政（下设户籍处、地产登记处、收捐处）、警政（下设巡警处、消防处、卫生处）、工政（下设测绘处、路工处、路灯处）三科，此外还设有裁判所。凡户籍的编查管理、地产的注册转让、房屋的登记翻造、道路的开拓修建、河渠的填筑疏浚、路灯的维修添设、巡警的募训设置、地方捐税的收支以及违警事件的处理等，皆归其管。1906 年，北工程总局成立。1909 年，清王朝颁布《城镇乡地方自治章程》，规定各地城、镇、乡必须设立自治公所，上海城厢内外总工程局改为上海城自治公所，遵旨筹办城镇乡地方自治。

上海城厢内外总工程局、上海城自治公所虽受地方政府监督，权力有一定限制，却是“具有多方面权力和具有一定规模的地方行政机关”，主动将地区内的许多事情管理了起来，并尽其力展开了以市政建设为中心的许多方面的工作。6 年间，两家机构先后共辟建、修筑道路 100 多条（段），修理、拆建桥梁 60 余座，新辟、改建城门 9 座，建筑驳岸 10 个，修造码头 6 个，平均每年裁决民刑诉讼及违警事件 1700 多起，对于改变华界旧貌、缩小华界与租界差距、提高整个上海近代化水平，都有积极作用。[38] 就自治机关的结构而言，它引进了西方资本主义市政机关的一些体制，采用了代议机关和执行机关的立法权和行政权分离、制约的方式，还采用了民主选举议董、领袖总董、办事总董，从而为中国地方传统的、凝固的政治制度的突破开创了一个新的起点。[39]

1911 年辛亥革命后，清政府在上海的地方统治被推翻，新政权沪军都督府成立。1913 年，袁世凯先设上海镇守使，后设松江镇守使。1915 年，上海镇守使和淞江镇守使合并，改称淞沪护军史。1926 年，军阀孙传芳成立名为“淞沪商埠督办公署”的市政机关。1926 年 12 月，上海工商学界成立以市民自治为目标的上海特别市市民公会。1927 年 3 月 22 日，上海市民代表会议召开第二次市民代表大会，上海市临时政府成立，29 日上海市民政府正式成立，4 月初市民政府颁布《政纲草案》。

1927 年上海特别市政府成立后，实现了上海华界行政统一。上海特别市政府是一个新式政府，其机构设置和人员配备具有明显的近代化色彩。市政府下设社会、公安、财政、工务、教育、卫生、土地及公用等八局。在中央给予比较大的自主权情况下，开展大量市政建设活动，推动了华界的发展。[40]

38. 张仲礼《近代上海城市研究（1840—1949）》，上海人民出版社，2014 年，11 页。
39. 同上，468 页。
40. 郑祖安《二、三十年代上海市政府横向关系初探》，《学术月刊》1994 年 3 期，62 页。

中央领导人与上海

新中国成立以后，中央领导十分关心和支持上海的发展，上海几乎所有重要决策都是在他们的过问下做出的。

建国初期，出于工业布局调整和国防安全考虑，上海并没有成为国家投资建设的重点城市。在实行第一个国民经济发展五年计划（1953—1957）时，一个国家重点项目都没有给上海安排。据统计，“一五”期间上海工业基本建设投资 5.6 亿元，仅占全国工业总投资的 2.2%。[41]1955 年，上海市委根据中央关于上海不发展、不扩建、一般维持即可的决定，确定上海采取“积极改造、逐步紧缩”的方针。

当时上海虽然不是社会主义工业化的重点建设地区，但作为全国最大的工业基地和工商业城市，仍然担负着十分重要的任务——在国家的计划下积极支持全国的经济建设。具体来说，首先，要为全国重点建设单位提供协作、生产配套产品，还要为全国各地市场供应大量消费品；其次，要争取多出口工业品，为国家换取更多的外汇；第三，要充分利用上海加工工业集中、技术水准较高、协作面较广、生产成本较低、加工利润较大的有利条件，为国家积累更多的资金；第四，要为全国各地输送和培训技术人才。由此导致 1955 年，在全国工业总值比上年增长 5.6%的情况下，上海反而下降了 2.8%。

1956 年，毛泽东发表《论十大关系》，提出要“好好地利用和发展沿海的工业老底子”。陈云到上海，传达毛泽东和中共中央对上海的期望：“上海有前途，要发展。”根据毛泽东、党中央的指示以及国家工业建设的需要，中共上海市委第一次代表大会确定了充分利用上海工业潜力、合理发展上海工业生产的方针。在这个方针指导下，上海以工业生产为中心，进行了经济改组和技术改造，扭转了“一五”计划前三年工业生产低于全国发展速度以及 1955 年工业生产出现下降的局面。1956 年，上海工业总产值比上年增长 34.3%，高于全国增长 28.2%的幅度。

1962 年，周恩来到上海，代表党中央对上海提出新要求。他指出，上海

41. 周武《上海学（第一辑）》，上海人民出版社，2015 年，15 页。

作为我国最大的工业城市和科学技术界的重要基地，被寄予深切的期望，希望上海的科学技术界在实现四个现代化中作出应有的成绩。1963 年 12 月，上海市第三届党代会明确地提出了要“把上海建设成为我国一个先进工业和科学技术基地”的目标。

从 1988 年到 1994 年，邓小平每年到上海过春节，都要与上海市党政领导商议上海发展大计，发表一系列重要意见。1990 年 3 月初，邓小平在同几位中央负责同志谈话时提出：“机会要抓住，决策要及时，要研究一下哪些地方条件更好，可以更广大地开源，比如，抓上海，就是一个大措施。上海是我们的王牌，把上海搞起来是一条快捷方式。”1991 年，邓小平视察上海时明确指出：“上海开发晚了，要努力干啊。那一年确定四个经济特区，主要从地理条件考虑的。深圳毗邻香港，珠海靠近澳门，汕头是因为东南亚国家潮州人多，厦门是因为闽南人在外国经商的很多，但是没有考虑到上海在人才方面的优势。上海人聪明，素质好，如果当时就确定在上海也设经济特区，现在就不是这个样子。14 个沿海开放城市有上海，但那是一般化的。浦东如果像深圳经济特区那样，早几年开发就好了。开发浦东，这个影响就大了，不只是浦东的问题，是关系上海发展的问题，是利用上海这个基地发展长江三角洲和长江流域的问题。抓紧浦东开发，不要动摇，一直到建成。只要守信用，按照国际惯例办事，人家首先会把资金投到上海，竞争就要靠这个竞争，金融很重要，是现代经济的核心。金融搞好了，一着棋活，全盘皆活。上海过去是金融中心，是货币自由兑换的地方，今后也要这样搞。中国在金融方面取得国际地位，首先要靠上海。”1992 年，邓小平对上海市党政领导讲：“这是你们上海最后一个机遇，这个机遇你们不要放过。”

1994 年 5 月，江泽民总书记明确表示：“党中央国务院关于开发开放浦东的基本政策不变，把浦东办成沿江开发的‘龙头’的目标和决心不变……开发开放浦东不仅关系到上海的发展，并且是中国改革开放的重要标志。”1997 年 9 月，他在党的第十五次代表大会上又一次明确指出：“进一步办好经济特区、上海浦东新区。鼓励这些地区在体制创新、产业升级、扩大开放等方面继续走在前面，发挥对全国的示范、辐射、带动作用。”

2006 年，胡锦涛总书记在十届全国人大四次会议上，要求上海率先转变经济增长方式，把经济社会发展切实转入科学发展轨道；率先提高自主创新能力，为全面建设小康社会提供强有力的科技支撑；率先推进改革开放，继续当好全国改革开放的排头兵；率先构建社会主义和谐社会，切实保证社会主义现代化建设顺利进行，大力推进国际经济、金融、贸易、航运四个中心建设。

2014 年，习近平总书记在上海考察时指出，上海作为全国最大的经济中心城市，在国家发展大局中占有重要位置，要抓住机遇，锐意进取，继续当好全国改革开放排头兵、科学发展先行者，不断提高城市核心竞争力，开创各项工作新局面。他强调，发挥上海在长三角地区合作和交流中的龙头带动作用，既是上海自身发展的需要，也是中央赋予上海的一项重要使命。要按照国家统一规划、统一部署，围绕落实全国城镇化工作会议精神，参与丝绸之路经济带和海上丝绸之路建设、推动长江经济带建设等国家战略，继续完善长三角地区合作协调机制，努力促进长三角地区率先发展、一体化发展。并要求上海各级干部要放眼全球、放眼全国，不断提高战略思维、战略把握、战略运作能力，谋发展、创业绩，不仅争创国内一流，而且敢于到国际上去比较、去竞争。在每年全国“两会”上海代表团讨论中，习近平总书记都认真听取代表们的意见建议，对上海改革发展作出一系列重要指示，对上海工作提出希望和要求，如上海要增强吸引力、创造力、竞争力，做好特大型城市的精细化管理，加大上海国家综合科学中心的集中度、显示度等。[42]

计划经济体制时期中央政府与上海

工商管理体制

1956 年资本主义工商业改造基本完成以后，中国形成了一套以行政管理为主要特征的高度集中的计划经济体制。从 1958 年开始，中央对工业、商业

42. 周振华、洪民荣《上海改革开放 40 年大事研究》（卷一），格致出版社，2018 年，14 页。

和财政管理体制进行改革，在“统一计划，分级管理”原则之下，实行在中央集中领导下，以地区综合平衡为基础、专业部门与地区相结合的“双轨”计划体制，按照指令性和指导性两类计划指标，分为必成数和期成数两本账。中央各部委在沪直属企业大部分下放给上海市管理，只保留了 56 个大型骨干企业、国防军工企业和某些跨地区企业。中央部属企业产值占上海市总产值的比重从 50%降至 2.3%，统配物资从 532 种减少到 132 种，基本建设和企业技术改造仍由国家财政拨款。试行企业利润留成包干和流动资金贷款。上海市平均利润留成率逐年升高，1958 年 0.96%、1959 年 12.71%、1960 年 14.57%。

1961 年，中共中央颁布《调整管理体制的若干暂行规定》，重新强调集中管理，把下放给地方的权力逐步收回，把下放企业部分上收。1965 年，各部直接管理的在沪企业增加到 335 个。计划管理改为“条块结合，条条为主”，地方企业生产计划和供产销平衡由国家各部直接安排。扩大物资统配范围，1965 年达到 607 种。超计划产品，除钢材等可以少量留给地方机构以外，全部上交国家各部。对日用工业品也扩大了计划收购和调拨范围。

文化大革命期间，国家与地方的经济管理权限再次调整。1970 年，中共中央重新确定了“由下而上、上下结合、以快为主、条块结合”的计划管理体制。上收各部管理的企业大部分下放，1976 年各部在沪企业减为 85 个。国家统配物资减为 217 种。

财税体制

1950 年政务院颁布《关于统一国家财政经济工作的决定》，实行统一财政收支、统一物资调度和统一现金管理。划给地方的收入只限于公用事业市政建设捐、地产税附加、码头捐、各项行政事业规费和市营企业盈余等项；其支出部分是工务、教育、卫生等项事业经费及市营企业投资。

1953 年起，实行“以支定收，一年一定”的统收统支体制。由中央按年度核定上海市的支出指标，划给一定的收入项目，确定分成比例。1957 年全国人大常委会原则通过《国务院关于改进财政管理体制的规定》，扩大地方财权。1958 年以后，中央对经济和财政体制作了重大改革，下放企业、下放财权、下放计划和物资管理权限，试行“以收定支，固定比例分成”体制。

1959—1965 年间，国家实行收支挂钩、总额分成、一年一定体制。1971—1973 年实行定收定支、超收分成。1974—1975 年实行固定比例留成，超收另定分成比例，支出包干。1976 年又实行总额分成、收支挂钩、固定留成加超收分成、一年一定的体制。1977 年起，实行定收定支、收支包干、保证上缴、结余留用、一年一定，收入增长分成的财政包干体制。

1985 年，国家对上海财政体制作了较大改革，实行核定基数，总额分成。1988—1992 年，实行基数包干上缴、一定五年的体制。每年上缴 105 亿元，超收部分前三年全部留给上海，后两年与中央对半分成。1994 年，国家实施分税制财政体制，全国采用统一的计算方式，取代中央与地方的讨价还价。分税制的一个明显特点，就是扩大了地方固定收入范围。

总之，新中国成立之后，上海的财政税收体制几经变更。20 世纪 50 年代大体上从统收统支变为分级管理；60 年代基本上为总额分成、一年一定的体制；70 年代前几年为收支包干体制，后几年为收支挂钩体制；80 年代从收支挂钩、定额分成变为核定基数、总额分成。[43] 上海留用与上缴中央的比例，由 1984 年以前的 1:9，逐步调整到 1993 年以后的 3:7（表 1.11）。[44]

1998 年 11 月，团中央、全国学联在上海召开深入学习邓小平理论座谈会，黄菊应邀到会座谈时谈到了上海财政状况：“上海地方财政收入和中央一九开，经济会萎缩；二八开，平平过；三七开，有发展。”他说，“上海再留多也不行，上海是全国的上海，全国支持上海，上海应该对全国作出贡献。”

43. 杨小佛等《上海—香港财政税收比较》，《学术季刊》1990 年 1 期，69 页。
44. 康燕《解读上海》，上海人民出版社，2001 年，131 页。

表 1.11 1989 年全国主要省市上缴财政情况表

单位：亿元

地区	地方财政收入	上缴中央财政	上缴占财政收入比重
上海	152.66	126.71	80%
北京	72.4	34.39	47.5%
天津	46.49	24.87	53.5%
江苏	126.39	69.71	55.1%
浙江	98.21	33.71	34.3%
山东	100.94	2.89	2.9%
广东	136.87	16.78	12.2%
辽宁	133.88	48.3	36%

资料来源：全国政协文史和学习委员会《十四个沿海城市开放纪实：上海卷》，中国文史出版社，2015 年，24 页。

上海上缴中央财政额度很高，本身支出额度很低，对城市基础设施建设和人民生活影响很大。曾任上海市长的汪道涵讲道："在我当上海市长期间，我上对得起朝廷（喻中央政府），每年上海上缴国家财政占国家财政收入的 1/6，但对不起黎民百姓（喻上海市民）。每天早晨我看到马路上有那么多的煤球炉在生火，到处在烟雾腾腾，那么多的马桶在马路上刷洗，我直感到心痛，当时上海实在没有多余的资金来改善和发展市民的生活了。"[45]

商品调拨制度

新中国成立后，上海虽然没有作为国家建设重点，但由于上海仍然是全国工业中心、财政支柱，在中国社会主义建设中具有特殊地位和影响，中央从各方面都给予了大量的、强有力的支持。

1949 年上海刚解放时，经济形势相当严峻，其中粮食、棉花、煤炭等生活生产物资严重短缺。存米只够供应半个月，存棉只够纱厂开工一个月，

45. 全国政协文史和学习委员会《十四个沿海城市开放纪实（上海卷）》，中国文史出版社，2015 年，29 页。

煤炭只够用7天。全市2万多家私营工厂开工率仅30%，面粉业开工率只有13.48%。交通运输遭受破坏，江海船舶被劫毁达到80%～90%。中央从全国各地紧急向上海调进“二白一黑”（粮、棉和煤）等大批农产品和工业原料，来保障上海恢复生产和人民正常生活。到1949年底，“两白一黑”问题已经解决。煤炭可保证每月供应20万吨左右，汽油足可供应半年，大米存量充沛，棉花供应虽因灾害受到影响，在争取进口一部分外棉以后，已可保证3～5昼夜开工生产。[46]

即使在文化大革命期间，上海也得到中央特别关注。在党中央、国务院的支持下，上海在基本建设投资及原料、燃料等方面均得到了比前14年（1953—1966）更多的投入。以基建投资为例，1967—1976年，上海基建投资总额达到了87.98亿元，年平均投资额比前14年增长了68%。其中工业投资额53.13亿元，占总投资额63.8%。[47]工业生产水平是增长的，尤其冶金、化工等原料工业和机电、仪表电信等设备工业，生产规模有一定扩大。据统计，1976年上海市工业总产值为447.44亿元，比1965年增长1.35倍。就财政收入而言，1969年上海财政收入首次突破100亿元大关，达到102.30亿元，比1967年增长近30亿元。这种状况一直延续到1973年。1973年全市财政收入达131.18亿元，平均每年以8亿多元的速度增长。[48]

中央对上海发展最大的支持，是在计划经济体制下建立了商品调拨制度。全国各地以计划低价优先保证上海能源、原材料的供应。据统计，从新中国成立初到1976年，上海国营和供销合作社商业从全国各地调入的农副产品累计323.27亿元，平均每年10多亿元。[49]

46. 周振华等《上海：城市嬗变及展望》（上），格致出版社，2010年，36—37页。
47. 忻平等《上海城市发展与市民精神》，社会科学文献出版社，2013年，143页。
48. 同上，144页。
49. 周振华等《上海：城市嬗变及展望》（上），格致出版社，2010年，22页。

改革开放以来中央政府与上海

1949 年以后，上海被定为直辖市，由中央政府直接管理，政府的权力空间变得非常有限。改革开放以后，上海在利用外资、引进技术、对外贸易、劳务输出等方面开始争取到一些自主权。

1979 年起，中央将外贸经营权下放到地方政府，上海率先建立第一个地方外贸公司——上海市对外贸易总公司。1981 年，上海市对外贸易总公司从市外贸局分离出来，成为独立自主、自负盈亏的经济实体。

1982 年，在第五届全国人民代表大会第五次会议上通过的《关于第六个五年计划的报告》中，中央提出要给上海、天津等沿海城市更多的自主权，使它们能够利用自己的优势，在引进和消化技术、利用外资、改造老企业和开拓国际市场等方面，发挥更大的主动性和积极性。

1983 年 4 月，国务院批转《关于上海发展对外经济贸易工作几个问题的请示》，批准扩大上海在利用外资、引进技术、对外贸易、劳务输出等方面的自主权，同意上海"六五"计划的后三年使用 10 亿美元外汇引进技术、加快中小企业技术改造，授权 100 万元以下的引进项目自行审批。[50]

上海初期的改革开放是在对中央承诺"三个保证"和"三项改革"的条件下实施的。"三个保证"是：保证坚持社会主义方向、保证服从国家的宏观调控、保证每年超额完成财政上缴；"三项改革"是：自费改革、自主改革、率先改革。

在原有的中央与地方关系构架中，无论是财力空间还是权力空间，留给上海政府以推动改革的都很不充裕。[51]1984 年时任上海市市长汪道涵起草了加速上海发展的计划书，加大了与中央进行谈判的力度。从 1984 年起，上海开始享受与广东、福建相同的优惠政策，内容包括提高上海地方财政的收入比例、外汇分成等。

1984 年 5 月，中共中央、国务院决定进一步开放沿海港口城市，执行优

50. 全国政协文史和学习委员会《十四个沿海城市开放纪实：上海卷》，中国文史出版社，2015 年，5 页。
51. 汤蕴懿等《政府职能转型——从政府管理到公共服务》，上海人民出版社，2013 年，40 页。

惠政策和措施，包括放宽利用外资建设项目的审批权限、增加外汇使用额度和外汇贷款、积极支持利用外资及引进先进技术改造老企业、对中外合资和合作经营企业及外商独资企业给予若干优惠待遇、逐步兴办经济技术开发区。经济技术开发区内，利用外资项目的审批权限，大体上比照经济特区的规定执行。上海成为 14 个沿海开放城市之一，对外商直接投资项目的审批权限从 1000 万美元提高到 3000 万美元。

1986 年 8 月，国务院批准上海采取自借自还方式，扩大利用外资，以加强城市基础设施建设，加快工业技术改造，增强出口创汇能力，发展第三产业和旅游业。第一批利用外资规模 32 亿元，其中 14 亿美元用于城市基础设施建设，13 亿美元用于工业技术改造，5 亿美元用于第三产业和旅游业，此项政策被称为“94”专项。

早在 1984 年 12 月《关于上海经济发展战略的汇报提纲》中，上海就已经向中央提出开发浦东的问题。1986 年 10 月，国务院在批复《上海市城市总体规划方案》时指出：当前特别要注意有计划地建设和改造浦东地区，使浦东成为现代化的新区。为落实国务院的批示，上海于 1987 年 7 月成立开发浦东联合咨询小组。1988 年，召开浦东新区开发国际研讨会。此后，上海成立了浦东新区开发领导小组。

1990 年初，时任中共上海市委书记、市长朱镕基向在沪的邓小平提出开发开放浦东的战略设想，得到重视和支持。上海正式向党中央、国务院提交《关于开发浦东的请示报告》。3 月底到 4 月初，时任国务院副总理姚依林到上海进行浦东开发问题的专题调研，形成了《关于开发和开放浦东几个问题的汇报提纲》上报国务院。1990 年 4 月，时任国务院总理李鹏在沪正式宣布“中共中央、国务院同意上海市加快浦东地区的开发，在浦东实行经济开发区和某些经济特区的政策”，并强调“这是我们为深化改革、扩大开放作出的又一重大部署”。

为加快浦东开发开放，中央政府先后于 1990 年、1992 年、1995 年三次比较集中地赋予其一系列扩大对外开放的特殊政策。

1990 年，中央给予浦东开发 10 项优惠政策、65 亿元启动贷款，包括允许外商投资能源基础项目，兴办第三产业，增设外资银行开展外币存贷、进出口结算、外汇担保等业务，从事转口贸易，成片承包开发土地等。

1992 年，扩大浦东新区部分项目审批权，允许外国企业在浦东新区开办百货商店、超级商场等第三产业；允许外资在整个上海范围内开办银行、财务公司、保险公司等金融机构；允许上海设立证券交易所，开展人民币股票和 B 种股票交易；在外高桥设立中国开放度最大的保税区，实行免关税、免许可证、允许设立国际贸易机构等特别优惠政策；在浦东新区兴办生产性项目、非生产性项目；并在企业自营出口业务等方面，给予上海更大的自主审批权。增加资金筹措渠道：（1）允许上海每年发行 5 亿元浦东建设债卷；（2）在原定每年给上海 1 亿美元外汇贷款的基础上，每年再增加 2 亿美元的优惠利率贷款；（3）允许上海在原定额度外每年再发行 1 亿元股票，为浦东开发筹资；（4）允许上海每年发行 1 亿美元 B 种股票；（5）在原定每年国家支持 2 亿元拨款的基础上，从 1992 年开始每年再增加 1 亿元拨款。

1995 年，又赋予浦东一系列新的优惠政策，主要涉及财政税收和资金、扩大市场开放度和准入度以及扩大审批权限等三个方面。具体内容包括：经外经贸部批准的有进出口经营权的年出口额在 1 亿美元以上的外贸企业、出口额在 2000 万美元以上的自营生产企业，可以在浦东新区设立子公司，授权上海市审批；允许在浦东新区选择有代表性的国家和地区，试办 3 ~ 4 家中外合资的外贸企业；外高桥保税区内可以开展除零售业务以外的保税性质的商业经营活动，并逐步扩大服务贸易；一旦中央政府同意外资银行经营人民币业务，将允许首先在浦东试点，进入浦东的个别外资银行将获得优先权；在具备条件以后，经中国人民银行审批，在陆家嘴注册的外资金融机构可以在浦西和外高桥保税区内设立分支机构；可以在浦东新区再设立若干家外资和中外合资保险机构。

中央政府先后批准在浦东建设陆家嘴金融贸易区、外高桥保税区、金桥出口加工区、张江高科技园区、洋山保税港区、浦东机场综合保税区等功能各异的国家级开发区，把一系列国家级的重大项目放在浦东。

分权和权力下放大多集中在经济领域，但在中国特定体制背景下，却具有深刻的政治含义。财政权力下放直接影响到地方政府行为和中央与地方关系。而且，权力下放也不仅局限于经济方面，立法权下放和地方立法权扩大也是政治发展的一个重要侧面。上海在地方立法实践中创下了多项全国第一。在政治权力下放方面，最主要是通过干部管理制度改革实行了一定程度的人事权力下放。[52]

特别需要指出的是，上海的改革开放，中央始终予以坚定的政治支持和指导。[53]党的十四大报告提出："以上海浦东开发开放为龙头，进一步开放长江沿岸城市，尽快把上海建成国际经济、金融、贸易中心之一，带动长江三角洲和整个长江流域地区经济的新飞跃。"党的十五大报告明确："进一步办好经济特区、上海浦东新区。鼓励这些地区在体制创新、产业升级、扩大开放等方面继续走在前面，发挥对全国的示范、辐射、带动作用。"党的十六大提出："鼓励经济特区和上海浦东新区在制度创新和扩大开放等方面走在前列。"党的十七大报告提出："更好发挥经济特区、上海浦东新区、天津滨海新区在改革开放和自主创新中的作用。"党的十八大提出："加快实施自由贸易区战略。"党的十九大提出："赋予自由贸易试验区更大改革自主权""探索建设自由贸易港"。

2016年，中国"十三五"规划纲要在第十二届全国人民代表大会第四次会议上经表决通过，本次规划中，涉及上海的内容有近20处，"四个中心"目标也是第一次进入国家规划。

52. 资料来源：郭定平《上海治理与民主》，重庆出版社，2005年，24页。
53. 周振华、洪民荣《上海改革开放40年大事研究》（卷四），格致出版社，2018年，30页。

上海城市政府

上海政区演变

上海作为政区名称，始于南宋咸淳三年（1267）设置的上海镇。元至元二十八年（1291），元朝中央政府将上海镇从华亭县（现上海市松江区）划出，设立上海县。清朝政府设江南提督于松江，上海由松江府管辖。清雍正年间（1730），苏松太兵备道衙门移设上海，上海取代松江成为地区行政中心。这不仅使上海政治地位顿时提高，而且也使上海自然地趋向于成为这一大片地区的中心城市和枢纽城市。[54]

1843 年，上海开埠。1845 年，英租界辟设，划定当时英侨居留地界：东自黄浦江，南到洋泾浜（今延安东路），西至河南路，北到李家厂（今北京东路、圆明园路一带）。1848 年，英租界已向西扩展到泥城桥（今西藏路），向北延伸至苏州河。1848 年，美国圣公会于苏州河以北的虹口设立教堂，同上海道台划定了美侨居留地界：从泥城桥沿苏州河及黄浦江到杨树浦，沿杨树浦向北 3 里为止，从北向西划一直线到泥城桥。1863 年 9 月，英租界与美租界合并而成公共租界。中日甲午战争后，公共租界扩展为东从杨树浦桥到周家嘴、南从八仙桥到静安寺、西从泥城桥到静安寺、北从虹口的第五号界石到上海北境。

1849 年，法国殖民者步英美后尘，与中国政府正式划定法租界：东自广东会馆，南至城河，西至关帝庙褚家桥，北至洋泾浜，沿江至洋泾浜南角。此后法租界又经历三次扩张。到 1914 年，总面积由设立之初的 986 亩扩至 15150 亩，版图由黄浦江西岸向西延伸到徐家汇。由此上海形成了公共租界、法租界、华界三分天下的城市格局。

54. 张仲礼《近代上海城市研究（1840—1949）》，上海人民出版社，2014 年，441 页。

1927 年南京国民政府成立后，上海被设为特别市，从此摆脱县级身份而正式有了“上海市”之名。当时上海特别市管辖的范围，包括上海县、宝山县的吴淞、江湾等乡，加上七宝、莘庄、周浦等乡的一部分，远远超出原城厢范围。上海特别市的设立，使得上海华界长期分散的行政权得以统一。在 1927 年公布的《上海特别市暂行条例》中，上海特别市政府将公共租界改称为第一特区，法租界改称为第二特区。抗战结束后，公共租界和法租界收回，上海市区全部为上海市政府所管辖。

上海市政府成立后，十分重视市政建设，成立设计委员会，参照国外大都市的建设经验编制了《大上海计划》和《市中心区域计划》。到抗战爆发前，“大上海计划”已取得了一些成绩，上海市政府大楼、博物馆、图书馆、运动场、体育馆等设施相继建成。日本全面侵华战争的爆发，使“大上海计划”被迫中断。

1946 年抗战胜利后，上海专门成立了大上海都市计划委员会，并于 1948 年发布《大上海都市计划总图草案报告书》，提出了市中心加卫星城的上海城镇体系。大上海计划是近代上海第一个大型的、综合性的都市发展规划，在上海的都市建设史上具有开创性的地位和意义。

新中国成立之初，上海市行政区域面积为 636.18 平方公里，其中市区面积 82.4 平方公里；上海市人口不足 500 万。

为解决上海市中心城区副食品供给短缺问题，国务院于 1958 年先后将江苏省的嘉定、金山、崇明等 10 县划归上海市管辖，上海面积扩大了 10 倍。上海市充分利用区划调整的契机，将原三个郊区建制（西郊区、北郊区、东郊区）全部撤销，原郊区范围内的城市地区并入市区，农村地区并入郊县。由此，上海市完成了城市政区的首次大规模扩张，形成了上海大都市直辖的基本空间形态与格局（表 1.12，表 1.13）。

1964 年，上海形成 10 市区、10 郊县格局。这一格局维持了将近 30 年，直到 20 世纪 90 年代以后才逐步打破。

表 1.12 上海城区空间变化轨迹

阶段	时间	主要调整内容
1949—1978 外并内合，大幅调整	1949	30 个市辖区，其中 20 个市区、10 个郊区
	1950—1956	原黄浦区与老闸区合并为黄浦区；撤销嵩山区，大部分并入卢湾区；常熟区并入徐汇区；闸北区和北站区并称闸北区；四川北路并入虹口区；多次调整杨浦区区界
	1958	东郊、东昌两区合并成立浦东县；上海、川沙、金山县、青浦县、奉贤县、闵行县、嘉定县、松江县、南汇县由江苏省划归上海市
	1960	提篮区并入虹口区
	1961	浦东县撤销建制
	1964	闵行区并入徐汇区、宝山区并入杨浦区等，最终设立 10 个市区、10 个郊县
1978—1999 局部整合，趋于稳定	1980	设立吴淞区
	1982	恢复闵行区
	1988	撤销宝山县和吴淞区，设立宝山区
	1992	撤销上海县和原闵行区，设立闵行区
	1992	以川沙县全境、原上海县三林乡和黄浦、南市、杨浦三个区的浦东部分，设立浦东新区
	1992—1999	撤销嘉定县、金山县、松江县、青浦县，设立嘉定区、金山区、松江区和青浦区
2000 年至今优化调整、趋于完善	2000	黄浦区和南市区合并成立新的黄浦区
	2001	撤销南汇县、奉贤县，设立南汇区、奉贤区
	2005	宝山区的长兴、横沙两乡划入崇明县
	2009	南汇区划入浦东新区
	2011	撤销卢湾区，并入黄浦区
	2015	静安区和闸北区撤并，设立新静安区
	2016	崇明撤县设区，上海结束了县制的历史

资料来源：周振华、陶纪明等《上海战略研究：历史传承 时代方位》，格致出版社、上海人民出版社，2014 年，68 页。

表 1.13 上海市及市辖区、郊县的面积与人口变化

年份	面积（km^2）	户籍人口（万人）	个数	市辖区面积（km^2）	人口（万人）	个数	郊县面积（km^2）	人口（万人）
1950	636	493	20	107	418	10	529	75
1960	5863	1056	12	141	641	11	5722	415
1970	—	1073	10	—	580	10	—	492
1980	—	1147	11	—	601	10	—	545

续表

年份	面积（km²）	户籍人口（万人）	个数	市辖区面积（km²）	人口（万人）	个数	郊县面积（km²）	人口（万人）
1990	—	1283	12	—	783	9	—	500
2000	6340	1313	16	3924	1128	3	2461	185
2010	6340	1404	17	5184	1331	1	1185	69

资料来源：催庆仙等《城乡关系变迁中的大都市政区整合与转型：上海案例》，《人文地理》2012年1期。

上海市人民政府的建立

上海的政府机关，是在接管和改造旧上海的政府机关和职能基础上建立起来的。建国初期随着政治经济形势的不断发展，政府机关不断调整其组织机构和职能，以适应新形势的需要。[55]1949年5月28日，上海市人民政府宣告成立。1952年进行整编。1955年，市人民政府改为人民委员会（表1.14）。

表1.14 上海市人民政府机构设置

上海市人民政府（1949）
办公厅、人事局、调查研究室、郊区工作办事处、民政局、公安局、人民法院、人民监察委员会、人民检察署、教育局、财政经济委员会、卫生局、新闻出版处、劳动局、财政局、税务局、工商局、公务局、房地产管理局、工务局、外事局、市政建设委员会、文化教育委员会、文化事业管理局、工业局（部门25个，编制49321人，包括党群组织人员）

上海市人民政府（1952）
财政经济委员会、秘书室、民政科、工商科、文教科、财务科、劳动科、人事科、防空科、扫盲办、房地产管理科、区人民法院（部门20个，编制6573人）

资料来源：郭圣莉、刘晓亮《转型社会的制度变革：上海城市管理与社区治理体制构建》，华东理工大学出版社，2013年，36页。

1950年6月，上海市各区人民政府成立。1950年7月，全国第一次民政工作会议认为大城市在市人民政府的集中领导下，需要设立区一级政权机关。

55. 熊月之《上海通史》（当代政治），上海人民出版社，1999年，126页。

1950 年 11 月 3 日，政务院第 57 次政务会议通过《大城市区各级人民代表会议组织通则》和《大城市区人民政府组织通则》，规定了市及市辖区人民政府的产生办法、机构和职权。1954 年 9 月，中华人民共和国第一届人民代表大会第一次会议通过《中华人民共和国宪法》，其中第五十三条规定："直辖市和较大的市分为区"；第五十六条正式使用了"市辖区"这一概念，给予市辖区相当于县一级行政区划单位的地位，设人民代表大会和人民委员会。同年 9 月 21 日，第一届人民代表大会第一次会议通过的《中华人民共和国地方各级人民代表大会和地方各级人民委员会组织法》对地方各级人民政府，包括市辖区人民政府的产生、职权等也作了规定。市辖区和区人民政府的设置从此有了宪法依据。

关于市辖区的职权，1950 年 11 月 3 日，政务院第五十七次政务会议通过的《大城市区人民政府组织通则》规定：（1）执行市人民政府的决议和命令；（2）实施区人民代表大会通过并经市人民政府批准的决议案；（3）统一领导区人民政府各部门的工作；（4）根据市人民政府有关局、处的业务批示，监督与协助或指导各局、处在本区内各分支机关的工作；（5）向市人民政府反映市人民的意见和要求，并提出兴革意见（表 1.15）。

表 1.15 区级政府的组织编制

名称	编制数	备注
区长	2	
秘书室	9 ~ 12	
财务室	2 ~ 3	
民政科	7 ~ 11	
工商科	6 ~ 13	
文教科	5 ~ 11	
卫生科	5 ~ 11	
地政科	14 ~ 15	限郊区政府设
农林科	4 ~ 6	限郊区政府设

资料来源：郭圣莉、刘晓亮《转型社会的制度变革：上海城市管理与社区治理体制构建》，华东理工大学出版社，2013 年，32—33 页。

1954年第一届全国人民代表大会第一次会议通过的《中华人民共和国地方各级人民代表大会和地方各级人民委员会组织法》，不再单列市辖区人民政府的职权，而是以相当于县级人民政府被包括蕴涵在统一规定的县级以上地方各级人民政府的职权之中。不过城区政府名义上是一级政府，但不具有相应权限，权力集中于市政府及其职能部门手中，重条条、轻块块，使城区政府难以履行其职责。

1951年，上海市在原有冬防办事处组织基础上，设置区人民政府派出人员办事处。1952年6月，上海市人民政府公布了《上海市市区设置区人民政府办事处试行方案》（草案），明确规定了区人民政府办事处（也称街道办事处），为区人民政府的派出机构，不是一级政府，但它应当在区人民政府的领导下，联系群众，以所在地区的居民为主要工作对象，并完成区人民政府下达的各项任务。同年9月，全市范围内共设立了这样的办事处135个，管辖人口最多的达到5万余人，一般为3.6万人，最少为2万余人[56]（表1.16）。

表1.16 区政府办事处的组织设置

主任1人，民政、卫生干事4～6人 （办事处按人口的五千分之一配备，153个，943人编制）
职权： 1. 组织发动里弄居民，以推动与贯彻当前的中心任务 2. 领导居民委员会组织，协助区政府开展里弄中的民主建设 3. 组织教育居民劳动生产并推进有关居民的福利工作，如解决自来水供给等 4. 推动居民文化教育，如办黑板报、学习班、识字教育及文娱活动等 5. 街道里弄公共卫生工作台的组织进行 6. 贯彻区政府规定的有关居民工作

资料来源：郭圣莉、刘晓亮《转型社会的制度变革：上海城市管理与社区治理体制构建》，华东理工大学出版社，2013年，36页。

1951年6月，上海在里弄正式成立居民委员会组织。《城市居民委员会组织条例》规定，街道办事处之下，每100～600户设居民委员会，为群众自治组织（表1.17）。

56. 熊月之《上海通史》（当代社会），上海人民出版社，1999年，59页。

表 1.17 居民委员会的组织设置

主任、副主任、委员若干人，下设治安、文教、卫生、调解、福利委员会和居民小组（3891 个）
职权： 1. 宣传人民政府各种政策法令，提高居民政治觉悟 2. 依照政府法令规定，进行居民的治安、卫生、文化教育、调解、福利等工作 3. 经常征集和反映居民意见和要求 4. 执行居民代表会议的各项决议

资料来源：郭圣莉、刘晓亮《转型社会的制度变革：上海城市管理与社区治理体制构建》，华东理工大学出版社，2013 年，36 页。

20 世纪 80 年代以来的政府改革

机构调整与职能转变

1983—2013 年，为逐步建立与社会主义市场经济体制相适应的行政管理体制，上海市政府以机构调整、职能转变和行政审批改革为主线，先后进行了 7 次改革和调整。

1983 年，政企分开，减少行政机构领导层次，精简市级行政机构编制，调整干部结构。1988 年从机构改革向政府职能转变延伸。1995 年从适应社会主义市场经济出发，转变政府职能、精简机构、理顺关系（表 1.18）。

表 1.18 上海市政府的机构数和人数（1987—1997）

年份	机构数/个	人数/人
1987	891	14412
1988	870	13683
1989	842	13142
1990	881	12769
1991	886	13168
1993	871	11775

续表

年份	机构数/个	人数/人
1994	820	10443
1995	654	8128
1996	649	8066
1997	642	7680

资料来源：上海市机构编制委员会办公室《上海党政机构沿革（1987—1997）》，上海人民出版社，1999 年，325—326 页。

2000 年，调整和加强城市管理机构和执法监管机构，并在文化、知识产权、信息化等部门组建和调整相关机构，加强政府公共事务管理职能。进行大幅度的机构调整和人员精简。2003 年，深化政府职能转变，突出政府经济调节、市场监管和公共服务职能。2008 年、2013 年又进行了两次政府机构改革。

经过七轮改革，上海市政府机构由 1978 年的 78 个调整为 2013 年的 44 个，机构数量精简将近一半，大大提高了工作效率和效能。[57]

2000 年，上海全面开展行政审批制度改革。此后，分别于 2001 年和 2002 年公布第一批、第二批取消和不再审批事项共 606 项，调整审批方式的事项 136 项。从 2003 年至 2014 年，又先后发布六批取消和调整的行政审批事项。至 2014 年 5 月，上海累计取消调整了 2994 项审批事项，其中取消 1174 项，调整 1820 项。

另外，在浦东开展行政审批制度改革试点，率先探索行政审批标准化管理，制定并颁布行政审批业务手册和办事指南，建立审批权监督机制，实施行政审批评估评审改革，加强事中事后监管。[58]

通过历次改革，政府机构得到精简和优化，政府职能得到转变，政府治理更加高效，实现了建设“服务政府、责任政府、法治政府”的基本目标。

57. 周振华、洪民荣《上海改革开放 40 年大事研究》（卷三），格致出版社，2018 年，18 页。
58. 同上，22 页。

两级政府、三级管理

新中国成立初期，上海实行两级政府、两级管理，但由于以条为主的管理体制日益强化，致使区虽为一级政府，但管理职能逐步弱化。

20 世纪 80 年代，市区开始第一轮明责分权。1985 年市有关部门向区下放了包括小学校舍维修、支弄小巷修建、绿化、环境保洁等方面的事权。1986—1987 年，各区开始与市实行收支挂钩、总额分成的财政包干，形成了区级财政的雏形。1988 年，市政府又在更大范围内向区下放事权，内容涉及计划、外经贸、城市建设、商业、集体工业、工商、物价管理等方面。通过这一轮明责分权，上海两级政府、两级管理的格局逐步形成。

1992 年起，上海开始第二轮明责分权，涉及财政税收、城市建设、环境保护、外经外贸、劳动管理、人事编制、商业管理、价格管理八个方面的事权。其中，500 万美元以下的引进外资审批权、建设权，以及发展第三产业的一些审批权也下放到区县。

1995 年，按照事权与财权相统一、建设与管理相统一、局部与全局相统一、放权与转制相统一、下放财权与加强审计相统一的原则，市政府先后两次较大规模扩大区县政府在利用外资、项目审批、城市规划、资金融通等方面的管理权限，进一步与区县政府明责分权。

（1）下放部分外商投资项目行政审批权。一是将投资在 1000 万美元以下外商投资限制类项目的可行性报告、合同、章程的审批权下放各区县；二是将总投资在 3000 万美元以下、位于市级工业区内的外商投资鼓励类项目（除港口项目外）建议书、可行性报告、合同、章程的审批权下放区县；三是按照“谁审批、谁负责”的原则，委托各区向由区县批准的外商投资项目发放批准证书，并实行属地化管理，由发证区县承担外商投资企业的管理责任；四是将来料来图加工、来料装配业务的审批权下放各区县。

（2）下放城区规划和公共事务管理权。上海采取一事一议方式，将原来的由政府及其规划管理部门行使的部分规划管理权委托给区政府和区规划部门。适当划小全市重要地区和道路的范围，委托区县编制本地区道路建设详细规划，审批部分重要道路和地区范围内的建设项目及部分 18 层以上建筑的设计方案。市有关部门对区规划部门依法行政、城市规划实施等工作进行考核，对有关业务工作加强服务、协调、指导和检查。此外，上海按照管理和养护、管理和施工分离原则，将环卫清扫、绿化养护、房屋维修、物业管理、路政维护等公用事业行政管理职能转入区县有关职能部门；养护和施工职能由专业公司承担。

（3）委托区县行使辖区内国有资产管理权。从 1993 年起，各区县国有资产管理部门接受市国有资产管理部门委托，按照国家和上海有关国有资产管理法律、法规和政策，统一管理区域内国有资产，代行占有、使用、处分、收益等四项权能，并统一向所辖企业征收国有资产经营收益；市国资委对区县国有资产保值、增值情况进行考核，并具有对区县国有资产收益的调度权。

（4）鼓励区县参与市区危棚简屋改造。对参与改造的区县所属房地产开发公司免收土地使用费；对危棚简屋拆迁量在 300 户以上的地块，市房地局在核实情况后，委托各区办理土地使用和拆迁安置手续；允许各区县按规划管理规定，在不降低环境总体质量的前提下适当提高改建房的容积率。

（5）增强区县财力和投融资能力。一是从 1995 年起，市财政对吸纳市属企业的市郊各区县，以企业动迁前一年区县上缴的增值税和所得税为基数，将新增增值税的 25%和所得税的 50%返还给区县；二是从 1996 年开始，以 1995 年上缴指标为基数，将投资额 500 万美元以上“三资”企业缴纳的增值税和所得税中超基数 30%的部分返还区县；三是参照全市平均土地级差标准因素，将市级土地使用税增量的 50%分配给各区；四是对各区每年个人所得税收入超基数 50%的部分，由市财政按照各区居住人口中在职职工人数占全市居住人口中在职职工总人数的比例分配给各区，同时将个人所得税由企业所在地征管改为由职工居住地征管；五是参照人口导入因素，将各区县上缴的公用事业附加收入超过 5.5 亿元基数部分的 30%返还给各区县，将 5.5 亿元的 50%返还给各区县包干使用，专项用于城市维护；六是将区属企业缴纳的排污费和其他相关收入留给各区县，在市环保管理部门监督下安排使用。

与此同时，按照责权利相一致、管理与服务相统一，转制与机构改革相配套的原则，上海积极推动区县政府适当向街道和乡镇、社区放权，充分发挥街道、社区和乡镇在城市建设和管理中的作用。

历经几十年社会变迁，我国城市面貌发生了翻天覆地的变化，但街道办事处作为城市基层政府派出机关的性质未曾改变。不过，自 1954 年街道办事处体制确立以来，特别是随着改革开放的深入以及由计划经济体制向市场经济体制转换、社会结构转型、城市大规模建设和改造，城市管理事务剧增，功能加重，迫切要求城市管理重心下移。

1986 年上海制定《上海市街道办事处工作试行条例》，并于 1987 年 3 月正式实行。在此条例中，街道办事处的性质虽然还是区人民政府的派出机构，但已经可以“行使基层政权的部分权力”。街道办事处主要工作对象除居民以外，还可以对辖区内的机关、工厂、商店、学校等企事业单位有关地区性、社会性的工作进行行政管理的督促、检查，对“五所、一场、一院”进行督促、检查、协调。

1995 年起，上海在 10 个区的 10 个街道开始两级政府、三级管理试点工作。1996 年 3 月，在前期开展加强基层政权建设、社区建设调研基础上，上海召开“城区工作会议”，发布了《关于进一步完善市与区两级政府、三级管理体制政策意见》，在街道、居委会机构编制、财力支配、小区公建配套等方面，制定了相应的政策措施：（1）调整街道、居委会机构编制和体制；（2）加强街道、居委会财力：包括税收返还、转移支付、专项经费等；（3）提高居委会工作人员收入，同时提高居委会的办公经费标准，配备专职干部，聘用人员；（4）落实街道、居委会办公用房；（5）强化社区服务；（6）街道一级政府实现政企职能分离：一是建立各类专业性服务公司，二是对街道所属企业实行改制；（7）居委会与自办三产经营脱钩；（8）广泛动员社会力量共同参与社区建设和管理，成立社区事务协商和议事机构，如社区党建联席会、社区精神文明共建委员会，积极培育群众性社会团体，建立社区志愿者协会，开展居民自助、互助和他助活动（图 1.4）。

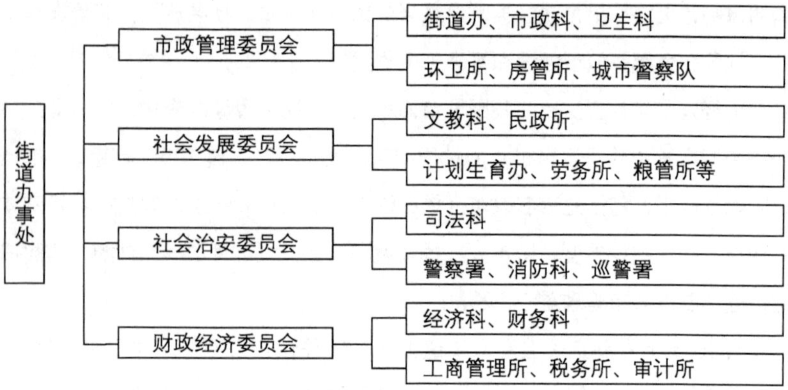

图 1.4 20 世纪 90 年代后半期上海的街道管理体制

2000 年 4 月，上海制定《关于进一步完善“两级政府、三级管理体制的若干意见》，进一步明确“两级政府，三级管理、四级网络”，将居民委员会组织纳入城市管理体制。

2014 年，上海市委将创新社会治理、加强基层建设列为“一号课题”，在大调研基础上发布了 1+6 系列文件。其中的“1”是指《中共上海市委上海市政府关于进一步创新社会治理加强基层建设的意见》；“6”是指涉及街道体制改革、居民区治理体系完善、村级治理体系完善、网格化管理、社会力量参与、小区工作者的 6 个配套文件。

（1）社区党工委改名为街道党工委。“上海原社区（街道）党工委更名为街道党工委，作为区委派出机关，在地区社会治理中发挥领导核心作用。街道办事处作为区政府派出机关，依法行使相应的政府服务和管理职能。”新建“社区党委”，负责区域化党建。

（2）取消街道招商引资职能，对街道职能重新定义。“取消街道招商引资职能及相应考核指标和奖励，街道经费支出由区政府全额保障，推动街道工作重心切实转移到公共服务、公共管理和公共安全等社会治理工作上来。”“街道主要履行加强党的建设、统筹社区发展、组织公共服务、实施综合管理、监督专业管理、动员社会参与、指导基层自治、维护社区平安的职能。”与从前相比，改革后增加了“党的建设”“统筹社区发展”的内容，将“协调社区资源”改为“动员社会参与”，将“指导自治组织”改为“指导基层自治”，将“维护社会稳定”改为“维护社区平安”。

（3）理顺条块关系。“按照权责一致原则，科学界定条块职责。坚持重心下移、资源下沉、权力下放。”房管所、城市监督管理局（城管）、市容监督管理局、食品安全卫生局等执法部门直接下沉到街道，在每个街道建立办事处，如房屋管理办公室、城市市容管理办公室。它们属于街道管辖，可以向这些办事处派任务，即街道在某种程度上拥有了执法权。另外“赋予街道党工委对区职能部门派出机构负责人的人事考核权和征得同意权，赋予街道规划参与权和综合管理权，赋予街道对区域内事关群众利益的重大决策和重大项目的建议权，强化对街道考评职能部门派出机构结果的应用。实行市、区职能部门职责下沉街道的准入制度。”

（4）优化机构设置。“按照精简、统一、高效原则，着眼于面向基层、面向群众、优化服务，积极推进街道党工委、办事处内设机构的职能整合和功能优化。按照街道职能定位和创新体制的要求，街道党政内设机构按“6+2”模式设置。” 即统一设置 6 个办公室，另可根据需要再设两个工作机构，促进了机构归并和人员精简。

（5）加强中心建设。“继续优化社区事务受理服务中心、社区文化活动中心、社区卫生服务中心的基本公共服务功能，进一步建立完善城市网格化综合管理中心、社区党建服务中心（原社区党员服务中心更名为社区党建服务中心）和社区综治中心。”“各中心是街道履行‘公共服务、公共管理、公共安全’基本职责的载体，服务群众的窗口，推进社区共治自治的平台。”

表 1.19 上海市部分区县“6+2”设置方案

区县	“6”	“2”	主要职能
徐汇	党政办公室；小区党建办公室；小区管理办公室；小区服务办公室；小区平安办公室；小区自治办公室	小区发展办公室	负责动员社会力量参与小区治理，联系和服务区域单位，整合小区相关资源，为各类区域单位提供服务，优化区域发展的公共环境。负责组织落实社会经济专项调查、普查和在地统计工作。负责宣传舆论管理、精神文明、文化、教育、科普、体育等工作
		专项办公室	负责强化具有区域特点或管理服务特殊性工作，把街道特定区域或者特定受众的管理服务工作做优、做强、做实
黄浦	同上	党群办公室	主要履行小区统一战线、宣传（精神文明）工作职能
		小区发展办公室	主要履行社会事业发展、旧区改造、政府事实、小区规划、服务驻区单位等工作职能
青浦	同上	党群办公室	主要履行小区统一战线、宣传思想、精神文明建设工作
		综合发展办公室	统筹小区发展、服务指导“三农”工作、财政审计

资料来源：杨雄、周海旺《上海社会发展报告（2016）》，社会科学文献出版社，2016 年，40 页。

2016 年上海市重新修订了《上海市街道办事处条例》，依法明确了街道所应承担的九大公共职责，指导基层居民区自治和社区共治成为街道的主要职责。

从市政府高度集权到市区分工，再到二级政府、二级管理，两级政府、三级管理，二级政府、三级管理、四级网络，城市权力不断由市向区、由区向街居转移，从而构建了城市分级治理体制。

政经分离

上海作为一个老工业基地，长期受到计划经济体制束缚，国有企业改革任务相当艰巨。从 1978 年开始，上海开始推进企业基金制度，当企业完成产量、质量、利润和供货合同时，可按职工工资总额的 5%提取企业基金。1979 年试行利润留成制度，即按企业的不同情况，核定利润上交和留成比例，企业可用提留的利润建立生产发展基金、集体福利基金和职工奖励基金。

1980 年试行“独立核算、国家征税、自负盈亏”以税代利改革，1984 年实行利改税。1984 年 8 月，拟定了《关于本市改革试点企业贯彻进一步扩大国营工业企业自主权的暂行规定的若干实施意见》，即《扩权十二条》，其主要内容一是改革计划管理体制，缩小指令性计划和物资统配的范围；二是改革技改审批权限，企业留存折旧基金，增强自我改造能力；三是改革外贸体制，扩大企业外贸自主权；四是制定政策和法规，落实企业自主权。

1986 年底，上海在国有大中型企业实行承包经营责任制，在小型国有企业实行租赁经营责任制。1988 年，上海实行厂长负责制，并对奖金、工资和劳动人事制度进行了改革。1991 年，上海通过贯彻《转机条例》，全面落实 14 项经营自主权。1994 年，上海制定了率先建立现代企业制度的总体思路和启动方案，提出到 1997 年底，上海基本建立起适应市场经济要求、产权清晰、权责明确、政企分开、管理科学的现代企业制度。

为将扩大企业自主权进一步落实，上海进行了行政性公司的改革。上海的行政性公司作为政府和企业的中间层次，是 1956 年以后按行业逐步建立起来的。作为计划经济体制下的管理模式，随着改革的深入，其政企不分、责权利脱节、机构重迭、对企业干预过多的弊端逐步显现。特别是企业扩权后，逐渐形成比较完整的生产经营体系，其行政管理模式已越来越不适应。

1985 年底，上海首先在机电、医药两局所属的公司中进行试点。1986 年 7 月，市委、市政府转发市体改办《关于本市行政性工业公司体制的改革方案》，在上交政府（主管局）行政管理职能和下放企业经营管理权的基础上，按不同行业的具体情况主要分五种方式进行了公司的撤销和改革：第一种是大厂脱离公司，独立自主经营；第二种是公司解体，按产品或行业组建几个集团；第三种是撤销行政性公司，由局直接面向企业；第四种是结合发展横向经济联合，组织跨部门、跨行业的联合公司；第五种是改行政性公司为企业性公司。1987 年，上海市 77 个市级行政性工业公司中，59 个撤销，8 个改组为企业性公司。

1995—1997 年，上海先后将工业、建设、商业、农业、交运等系统的 19 个企业主管局，改制为 40 多个国有资产控股公司或大型企业集团，实现了由原来行政管理体制转向以资产为纽带的公司化体制（表 1.20）。

表 1.20 部分企业主管局撤局建制的基本情况

企业主管局	组建成立控股公司	备注
纺织工业局	纺织国有资产经营管理公司	后改为上海纺织控股（集团）公司
仪电电讯工业局	仪电国有资产经营管理公司	后改为仪电控股（集团）公司
机电工业管理局	上海机电控股（集团）公司	1996 年与电气控股（集团）总公司重组
化工局 医药管理局	上海化工（集团）公司	1996 年化工集团与医药管理局重组组建华谊集团公司
第一商业局	上海一百（集团）有限公司 上海友谊（集团）有限公司 上海华联（集团）有限公司	2003 年一百、华联、友谊与物资集团重组成立上海百联集团有限公司
冶金工业局	上海冶金（集团）公司	1998 年并入宝钢集团公司
交通运输局	上海交运（集团）公司	
建筑材料管理局	上海建工（集团）公司	
建筑工程管理局	上海建筑材料（集团）总公司	
水产局	上海水产（集团）总公司	
农场管理局	上海农工商（集团）总公司	
轻工业局 第二轻工业局	上海轻工控股（集团）公司	
物资管理局	上海物资（集团）公司	2003 年与商业三个集团重组

资料来源：孙海鸣《上海 30 年：改革开放与经济发展》，上海财经大学出版社，2008 年，208 页。

1993 年上海率先成立了国有资产管理委员会，将政府的所有者职能与其他职能有效分开，建立了“两级管理”“两个体系”“三个层次”的国资管理框架。[59]

上海市国有资产管理委员会（市国资委）是上海市国有资产所有权的代表，依法对全市国有资产行使所有者的管理职能。上海市国有资产管理办公室作为国资委常设办事机构，专事国有资产管理。国有资产授权经营公司，是经市国资委批准和授权的国有控股公司和大型企业集团，对授权范围内的国有资产行使出资者所有权，是从事资产经营活动并经登记注册的特殊企业法人。

“两个体系”是指国资的营运体系与监管体系。营运体系主要体现在国资授权经营公司的活动上，而监督体系是指由市国资委责成有关部门向国资授权

59. 左学金《上海经济改革与城市发展：实践与经验》，上海社会科学院出版社，2008 年，57 页。

经营公司派出监事会，对国资授权经营公司营运情况进行监控。

“三个层次”中，市国资办为第一层次，主要负责整个国资管理的宏观运作；第二层次是国资授权经营公司和大企业集团，包括一是由原行业主管局改制而成的国有控股（集团）公司，二是原行政性公司经授权成立的国有控股公司，三是大型企业集团或综合商社经授权设立的国有控股公司、政府投资兴建的国资投资控股公司；第三层次为生产企业，从事产品经营，并以资产为纽带受制于国资授权经营公司。

行业协会和市场中介组织，是现代市场体系的重要组成部分。上海在历史上曾经是我国行业组织最为集中、最为活跃的地方。上海行业协会源于传统的会馆和公所。1843 年开埠后，一些新的同业团体和具有近代性质的工商业同业公会发展起来。新中国建立前，上海共有工商业同业公会 337 个，几乎覆盖所有工商业领域。1956 年以后，随着对资本主义工商业社会主义改革的完成，经济所有制的转变，行业协会自行消亡。

1978 年上海包装技术协会成立，这是改革开放后上海成立的第一个行业协会。1984 年城市经济体制改革以后，一大批行政性公司被撤销，同时组建了一大批行业协会，原行政性公司的部分职能和人员转移到行业协会。1992 年之后，上海进入全面改革开放的新时期，上海行业协会发展进入新高潮。

进入 21 世纪后，随着改革开放深化和政府职能转变，尤其是中国加入 WTO，行业协会发展受到政府部门高度重视。2001 年，上海市政府开始组织有关部门对行业协会发展改革情况进行调查研究。本着“政会分开、自主办会、有效监管”以及发挥社团、行业组织和社会中介组织提供服务、反映诉求、规范行为的作用，形成社会管理和社会服务合力的要求，加大对行业协会的改革力度。2002 年，成立行业协会发展署，出台了我国第一部促进行业协会发展的地方性法规。目前上海已形成了门类齐全、覆盖广泛的行业协会体系。

除了行业协会外，其他中介组织如注册会计师事务所、审计师事务所、资产评估事务所、法律事务所、咨询服务公司、信息中心也在市场经济中从无到有逐步发展起来，承担起原由政府部门代行的各种社会职能。

第 2 章

建设卓越全球城市

曾经的国际城市

西方纽约或东方巴黎

早在宋代，因商业繁盛，上海被称为“小杭州”。1264 年，南宋政府在此设立市舶司，管理对外贸易。明代中央政府实行海禁政策，对上海贸易及工商业造成严重伤害。清康熙二十三年（1684），海禁解除，上海与广州、福州（厦门）、宁波并列为开放口岸，航运及工商业又迅速发展起来。不过，当时上海的商业贸易绝大部分还是国内埠际贸易，真正的国际贸易微乎其微，主要局限于日本及南洋（当时称西洋）一带。[1]

历经明清两代发展，上海逐渐成为全国贸易大港和漕粮运转中心，被称为“江海之通津，东南之都会”。尽管如此，直到 19 世纪中叶，上海并没有特别突出之处。1843 年，人口数量位居前十名的城市依次是北京、苏州、广州、武汉、杭州、成都、福州、西安、南京、长沙。当时上海人口仅 20 多万，从全国来看，最多算是中等城市。

上海真正开始崛起是在 1843 年开埠以后。“上海之所以成为上海，之所以成为名震世界的大城市，其飞跃的发展，无疑是在 1843 年开埠之后。”[2]《南京条约》规定，英国人可以携带家眷“寄居大清沿海之广州、福州、厦门、宁波、上海等五处港口，贸易通商无碍；且大英国郡主派设领事、管事等官住该五处城邑，专理商贾事宜”。

上海从国内埠际贸易转向国际贸易。远洋航运发展迅速，西及伦敦、利物浦，东至美国檀香山，北抵海参威，南达澳大利亚甚至南美洲的里约热内卢。航程也随之迅速伸展。开埠后以上海到纽约计算为 12405 海里，航程增加 272%；到南美里约热内卢则为 14450 海里，航程增加 334%。[3]

1864—1948 年 80 余年中，上海历年对外出口贸易占全国的比重，基本

1. 张仲礼《近代上海城市研究（1840—1949）》，上海人民出版社，2014 年，79 页。
2. 唐振常《近代上海繁华录》，商务印书馆国际有限公司，1993 年，9 页。
3. 张仲礼《近代上海城市研究（1840—1949）》，上海人民出版社，2014 年，147 页。

保持在 50%左右，但也有一些年份竟高达 70% ~ 80%。[4]

随着上海对外贸易的迅猛发展，洋商纷至沓来，洋行公司纷纷设立。第一次世界大战前夕，上海洋行更达 1145 家。以租界为中心的上海已发展为亚洲最繁华的通商巨埠。

曾作过环球旅行的奥地利人海司 1894 年访问上海，他在一篇文章中写道："我曾经把上海设想为如同香港那样热热闹闹、吵吵嚷嚷、中国式肮脏的贸易中心类的商业城市，但当我第一次在上海的外滩时，觉得像是到了欧洲的海滨休假地，比如尼斯。上海的河边看起来完全像欧洲一样，那么优雅、那么美丽。沿着河岸两公里长的外滩，有高大的落叶木撒下满地绿荫，还有整洁的大马路和两边漂亮的人行道。在马路与河岸之间有一带宽阔的草坪、树林，以及前面提到过的城市公园，另一边沿马路是一带面朝黄浦江、高耸着的贸易宫殿。""与上海相比，新加坡、槟榔屿、巴达维亚、马尼拉、横滨、神户、长崎这些东亚的'欧洲城市'就退到了后面。其中有一些尽管更大、更漂亮、更舒适，却没有可以与之相比的发达贸易和航运，没有如此觉醒了的自由、活力和乐于享受的居民。"[5]

20 世纪 30 年代，上海进入其历史上的黄金时期，成为与纽约、巴黎、伦敦、东京并驾齐驱的一个国际大都市。这时的上海被称为"西方的纽约""东方的巴黎"。按照 1934 年世界大城市人口排名，前六名依次是伦敦（8202218）、纽约（6930446）、东京（5312000）、柏林（4000000）、芝加哥（3376438）和上海（3350570）。1935 年上海人口超过芝加哥，排名第五。人们习惯上称上海为世界第六或第五大都市。

甚至直到 20 世纪 80 年代初，上海中心城区格局包括市政设施、住宅区状况，几乎全是三四十年代留下来的。城市轮廓线、街道面貌基本未变，只不过初建时属于世界先进的市政设施因长期得不到更新而严重老化，上海不免显得"老气横秋"，曾经的国际化大都市风光不再。[6]

4. 张仲礼《近代上海城市研究（1840—1949）》，上海人民出版社，2014 年，95—96 页。
5. 周武《上海学（第一辑）》，上海人民出版社，2015 年，5 页。
6. 同上，22 页。

国际大都市的终结

上海濒海，以港兴商，以商兴市，无论其兴盛还是萧条，都与国家对外开放密切关联。当国家开放海上贸易，上海通常能获得较快发展，反之，则难免陷入困境。

从整个历史上看，康熙二十二年（1683）清朝政府开放海禁，把上海襟江抱海的地理优势发挥出来，上海才有了“江海之通津，东南之都会”的美称。鸦片战争后，中国被迫对外开放通商，遵《南京条约》规定，上海为五个对外通商口岸之一。此后，由于国际（如第一次世界大战）国内（因战乱、自然灾害，大量人口和资本汇聚上海）诸多因素的交互作用，风云际会，上海城市迅速崛起，成为中国和远东地区的经济贸易金融中心。

1949 年后，随着国家政权的更迭，共产主义与资本主义尖锐的意识形态对立，冷战下东西方关系敌对，以美国为首的西方阵营对新中国采取敌视、封锁、禁运等措施，使上海与西方的正常交往无法再维持下去。另外，这时候党中央要求上海“无论公营或私营企业，都应设法摆脱对帝国主义经济的依赖，并应把为国内生产、为中国人民服务作为今后上海一切企业生产的方针与发展方向”。上海与西方世界广泛而密切的联系阻断了，“逐渐纳入了整个中国的发展轨道”。

上海是中国外资比较集中的城市。外资企业早在 19 世纪 50 年代就在上海出现，并在 20 世纪初得到快速发展。

表 2.1 上海在华外籍企业及外侨人数（1882—1931）

年份	外籍企业数	外侨人数
1882	440	4894
1892	579	9945
1902	1189	18962
1912	2328	144754
1922	7021	282691
1931	10889	370393

资料来源：张侃《建国初期在华外资企业改造初探（1949—1962）：以上海为例》，《中国经济史研究》2004 年 6 期，101 页。

经过1949—1956年的社会主义改造，以及国内外环境变化，外资企业或撤走，或被接收、合并。随着瑞典维昌洋行于1962年2月结束在上海的业务，百余年来在上海经济生活中扮演过重要角色的西方企业消失了。[7] 另外，在上海具有外国背景的文化、教育、卫生机构，曾在上海的社会生活中产生过重要影响，它们同样无法在新的条件下继续生存下去。

作为近代新崛起的通商口岸城市，上海还吸引了来自世界各地的大量国际移民，包括传教士、商人、知识分子、淘金者以及避难者。1943年后，上海常住外国人口最多时曾达到15万余人，约占上海人口的4%。上海的国际移民，在数量上与国内移民相差甚远，但在近代上海城市发展史上却占有重要地位。随着中国社会主义新政权的建立，大批外国人回国，后来者很少，到70年代末，上海常住外国人剩下700余人，不到1949年前的3%。[8]

总之，新中国成立后，上海从一个国际大都市逐步转变为中国的一个大城市，或者说世界的上海蜕变为中国的上海。

上海的世界主义

“上海从来就是一个有渴望的城市。它没有江南的宁静中和之气，离开中国古典诗词的境界极其遥远。它是在被强加的‘世界主义’中诞生的一个混血儿。它与中国其他城市的不同，也来自于它与世界其他城市的不同，它是独一无二的世界主义的城市。上海对世界主义，或者说全球化的渴望，是真正发自内心的。上海向世界飞奔而去，这就是为何如今的上海取得惊人发展。”[9]

上海并不是在中国传统城市基础上发展起来的。上海的崛起，与对外贸易、近代工业以及中西文化交流联系在一起。因此，这座城市少了一些传统气息，多了一些西方或现代化色彩，或者说上海是中国受西方影响最大、最西化的城市。“且不说在两个租界中，建造着西方式的房屋，开办着西人的工厂和学校，

7. 熊月之、周武《上海：一座现代化都市的编年史》，上海书店出版社，2007年，506页。
8. 骆克任、马振东《上海国际迁移变动分析》，《人口研究》2000年5期，55页。
9. 陈丹燕《都市的渴望》，《新闻晨报》2003年11月9日。

进行着西方的教育，实行的是西方的制度，就是在华界，在一般上海人身上，西方的影响也可以说是无处无之。从市政建设与管理，上海士绅自治运动，上海人的行为方式，婚丧嫁娶礼仪的变化，多有西方影响；编制门牌号码、人车分离道、文明婚礼、实行夏时制、选举市花、选举上海小姐——不是仿造租界，就是学自泰西——从器物到精神、从行为方式到价值观念乃至语言风习，上海都受到西方广泛而深刻的影响。”[10]

其实在一般中国人眼里，上海简直就是西方。昔日内地人看上海，犹如今日大陆人看香港。[11] 把世界带到这个城市中来，同时把自己融入世界中去，一种世界主义文化成为上海与生俱来的城市品质与城市基因，也因此上海始终被视为中国内部的一个异质化存在，或另类中国。

中西文化的融合与世界主义体现在上海这座城市的建筑上。外滩所建的万国博览会般的建筑，是上海紧随世界都市化潮流的一个见证，是上海世界主义的直接体现。[12]

表 2.2 20 世纪二三十年代外滩建筑一览表

建筑名称	建造年代	设计者
扬子大楼（Yangtze Insurance Building）	1918—1920	公和洋行
蓝烟囱轮船公司大楼，又名怡泰大楼（Glen Line Building）	1920—1922	公和洋行
怡和洋行大楼（Jardine Matheson Building）	1920—1922	思九生洋行
日清轮船公司大楼（NKK Building）	1921	德和洋行
汇丰银行大楼（Building of H.&.S. Bank）	1921—1923	公和洋行
麦加利银行大楼（Building of Chartered Building）	1922—1923	公和洋行
字林西报大楼（N. C. D. News Building）	1922—1924	德和洋行
横滨正金银行大楼（Building of Yokohama Specie Bank）	1923—1924	公和洋行
台湾银行大楼（Bank of Taiwan）	1924—1926	德和洋行
海关大楼（Customs House）	1925—1927	公和洋行
沙逊大厦（Sassoon House）	1926—1929	公和洋行
百老汇大厦（Broadway Mansions）	1930—1934	业广地产公司

10. 张仲礼、熊月之、潘君祥《近代上海城市的发展、特点和研究理论》，《近代史研究》1991 年 6 期。
11. 张仲礼《近代上海城市研究（1840—1949）》，上海人民出版社，2014 年，14 页。
12. 钟浴曦《上海“国际大都市”文化构建及其“世界主义”内涵》，《理论观察》2013 年 3 期。

续表

建筑名称	建造年代	设计者
中国银行大楼（Bank of China）	1936—1937	公和洋行与陆谦受合作
法国邮船公司大楼（French Mail Building）	1937	法商营造公司

资料来源：伍江《上海百年建筑史（1840—1949），同济大学出版社，2008 年，101 页。

遍布上海的石库门住宅最显著的空间特征是：中西结合。石库门起源于 19 世纪 60 年代，当时太平天国运动兴起，江浙大批有产人家为躲避战乱纷纷涌入上海。外国商人把握这次房地产开发机遇，设计外墙为欧式联排房，内部保留天井、客厢房等江南民居特色的中西合璧住宅，出售给蜂拥而来的移民。为满足买家追求家居安全的心理需求，特别在住宅门上大做文章，选用花岗岩石料为门框，黑色厚重木料为门扉，于是建筑得名石库（箍）门。由于这种住宅占地少、设计合理、坚固耐用，适合市井居民的消费水平，很快在上海风靡一时，每年以数万计递增。在 20 世纪六七十年代，上海由石库门建筑形成的里弄达到 9000 多处，占上海市区全部面积的四成以上。[13]

上海还出现了“新型现代中国人”。他们跟得上时代的变化，对事物反应敏锐，充满活力和朝气，受到欧风美雨的浸染，长期存在着强烈的仰慕和崇尚西方的集体情结。他们开放包容，精明务实，容易接受外来的新思想、新观念、新技术、新产品和生活方式，讲究现代契约精神，崇尚理性。城市一整套现代治理体系，也促成了上海市民的主体意识、公共意识和民主意识。

一位研究上海的美国学者在 20 世纪初期曾预言：“大城市不会偶然地出现，它们不会为一时的狂想所毁灭。地理上的事实曾经创造了上海；一旦和平在东亚恢复，这些事实将会使上海在未来的岁月里繁荣昌盛。”[14] 作为与西方联系最广泛、接触最密切、最开放、最国际化的中国城市，1978 年开始的改革开放，极大地释放了上海原有的特质基因，使得城市迅速恢复并迸发出强大的生命力。

近代上海是一个全方位开放的城市，但这种开放是被动的，是西方列强运

13. 桦子《上海石库门》，《上海房地》2011 年 3 期，55 页。
14. 罗兹・墨菲《上海——现代中国的钥匙》，上海人民出版社，1986 年，249 页。

用坚船利炮的国家军事力量，通过一系列对华战争，以条约制度的形式强加于中国的。[15]它曾给上海带来了无数的屈辱和灾难，具有“现代性中的殖民性与殖民性中的现代性”。凭借不平等条约所享有的各种特权，在上海的几个主要行业中，外国资本企业集团几乎处于垄断性的地位，而民族资本则处于从属的、被压抑的境地。例如在 20 世纪 30 年代至 40 年代，外国资本一直控制着上海 90%以上的发电设备和发电量。在不少工业行业，外国资本也占有相当优势。在商业上，进出口贸易的一半左右都是由外国资本经营的。在金融方面，新中国建立前夕，全市行庄的存款总额有一半左右，放款总额有近三分之一都是由外资银行经营的。进出口的押汇业务也有一半以上是由外资银行承办的。在公用事业方面，新中国建立前夕外国资本掌握了上海 73.4%的自来水、97.4%的煤气、100%的电话、100%的电车和 21.6%的公共汽车。[16]

15. 樊卫国《近代上海“自由贸易”的历史审视：制度、形态及多重效应》，《上海经济研究》2015 年 10 期，3 页。
16. 张仲礼《近代上海城市研究（1840—1949）》，上海人民出版社，2014 年，42 页。

四个中心与现代化国际大都市

根据国家需要、国际形势变化和实际情况，上海对城市发展战略不断进行调整。新中国建立以后，上海由“消费城市”向“生产城市”转型，建成中国综合性工业基地和科学技术基地。20 世纪 80 年代至 90 年代起，上海向多功能经济中心城市转型，先后提出“一个龙头，三个中心”以及“四个中心”、社会主义现代化国际大都市的奋斗目标。

向多功能经济中心城市转型

新中国建立后，上海利用自身工业基础和技术优势，以及国家全力支持，一度取得骄人的经济成就。1949—1978 年间，上海创造了全国 1/6 的财政收入和 1/10 的工业产值。

改革开放以后，上海工业发展受到严重冲击：（1）经济特区和沿海城市大量引进境外直接投资、技术和管理，工业生产迅猛发展，工业产品占国内市场份额大幅上升；（2）乡镇企业崛起，对上海工业发展形成竞争态势；（3）生产要素市场化，原材料、能源价格上升，使上海工业成本和产品价格优势逐步丧失，甚至因原材料、能源供应紧张，导致工厂开工不足或停产。20 世纪 80 年代，上海得到的计划能源原材料比重，已从 1978 年的 80%剧降到 1988 年的 25%左右，且能源原材料价格大幅上涨；[17]（4）作为中国计划经济体制的代表性城市，由于得不到及时更新改造，上海工业设备陈旧、厂房简陋、技术落后，投入多、产出少。

20 世纪 80 年代，上海工业发展速度下降，整体效益下滑。上海工业总产值与实现利税总额占全国的比重，分别从 1978 年的 12.1%和 19.4%，下降到

17. 康燕《解读上海》，上海人民出版社，2001 年，28 页。

1989 年的 7.2%和 10.3%，降幅达到 4.9 和 9.1 个百分点。上海经济在全国所占比重至 1979 年下降至 1/8，至 1981 年更降至 1/14。1986 年，上海工业生产出现破天荒负增长。

表 2.3 1978—1992 年上海 GDP 增速与全国同期增速比较

年份	上海 GDP 增速	全国 GDP 增速	上海与全国速度差距
1978	15.8%	11.7%	4.1%
1979	7.4%	7.6%	-0.2%
1980	8.4%	7.8%	0.6%
1981	5.6%	5.2%	0.4%
1982	7.2%	9.2%	-2%
1983	7.8%	10.9%	-3.1%
1984	11.6%	15.2%	-3.6%
1985	13.4%	13.5%	-0.1%
1986	4.4%	8.8%	-4.4%
1987	7.5%	11.6%	-4.1%

资料来源：孙海鸣《上海 30 年：改革开放与经济发展》，上海财经大学出版社，2008 年，201 页。

由于片面强调“先生产、后生活”，国家和政府投资主要集中到生产领域，忽略了城市基础设施建设，致使上海的住宅、道路、水电煤等公用事业建设严重滞后，负债累累，突出表现为城市面貌陈旧，住房极度紧张，市政设施老化，交通严重堵塞，环境污染恶化。[18]

据统计，1950—1983 年，上海的基本建设投资总共 350 亿元，其中 250 多亿元用于工业方面，用于城市基础设施建设和发展第三产业的资金不足 100 亿元，平均每年不足 3 亿元。而且，投资比重不断下降，新中国建立之初的恢复期为 60.7%，一五时期下降为 50.4%，1983 年仅占 20%。[19] 进入 90 年代，上海的基础设施已经大大超出了承受极限，“几乎天天发出不堪重负的痛苦呻吟”。

18. 周武《上海学（第一辑）》，上海人民出版社，2015 年，22 页。
19. 潘名山《上海对外开放战略和政策》，上海财经大学出版社，1999 年，12 页。

1980年10月3日，《解放日报》发表了上海社会科学院部门经济研究所沈骏波研究员写的文章,题目为《十个第一和五个倒数第一说明了什么？——关于上海发展方向的探讨》。该文提出，上海的十个第一包括：（1）工业总产值占全国八分之一强，总产值之大，居全国各省市第一位；（2）出口总值占全国四分之一强，其中上海市产品占60%，创汇之多，居全国各省市第一；（3）财政收入占全国六分之一，上缴国家税利占中央财政支出的三分之一，上缴数量之多，居全国各省市第一；（4）工业全员劳动生产率，1979年为30013元，高于全国平均值1.5倍以上，居全国第一；（5）工业每百元固定产值实现的利润，1979年全市平均为63.73元，为全国平均数的4倍，居全国第一；（6）工业资金周转率为69.5天，周转之快，为全国大城市第一；（7）全市人均年生产总值，1979年为1590美元，居全国第一；（8）能源有效利用率，1979年为33%，高于全国28%的平均水平，居全国第一；（9）上海商业部门调往各地的日用工业品占全国调拨量的45%，商业调拨量居全国第一；（10）解放后迁往内地工厂300多家，输送技术人员、技术工人超过100万人，向外输送技术力量居全国第一。

上海五个全国倒数第一包括：（1）市区每平方公里4.1万人，城市人口密度之大，为全国之最；（2）市区建筑密度高达56%，人均拥有道路面积1.57平方米，绿化面积0.47平方米。建筑之密、房屋之挤、道路之窄、绿地之少，均为全国大城市之最；（3）市区人均居住面积4.3平方米（包括棚户、简房、阁楼在内），4平方米以下的缺房户91.8万户，占全市总户数60%左右，缺房户比重之大，为全国之最；（4）上海平均每万辆车一年死亡人数42.5人，车辆事故之高为全国大城市之最；（5）由于"三废"污染严重，上海癌症发病率之高，为全国城市之最。

1981—1982年间，在中共上海市委和市人民政府的领导下，上海掀起了"上海向何处去，建设什么样的上海"问题的大讨论。

其实，早在1978年，上海就开始着手研究工业的改造和振兴问题，对手表、自行车、缝纫机等行业，以及纺织、机械等部门展开了广泛的调查。调查显示，由于设备陈旧、技术落后，上海相对国内其他地区的工业优势日益缩小，与国际水平差距不断扩大，需要扩大引进国外先进技术，大规模地进行技术改造，更新设备，加快产品升级换代。

1981 年，上海社会科学院展开了“上海经济发展战略研究”课题研究。报告认为，上海的经济结构和上海的工业结构一样，是陈旧和落后的。上海的问题是今后仍然作为中国最大的综合性工业基地、发挥其单一的功能，还是作为中国最大的经济中心、发挥其多种功能的问题。为了适应今后形势发展的需要，上海应作为中国最大的经济中心和最重要的对外开放城市，在以下领域中发挥其应有的作用：第一，在国内外贸易中，应当成为中国最大的贸易中心；第二，随着贸易中心的形成，应当逐步相应地形成金融中心；第三，应当成为提供各种专业人才的中心；第四，应当大力发展为生产、流通、消费提供服务的各种事业，如技术、信息服务等。

新中国成立至改革开放前夕，上海仍具有五大优势：（1）上海是中国实力雄厚的工业基地，有较好的工业基础和综合配套能力；（2）上海是全国最大的商业中心和重要的经济技术信息中心，它的经济联系和影响，辐射到全国各地；（3）上海是重要的交通枢纽，地处富裕的长江流域江海交会处，有得天独厚的地理条件和广泛的国际联系；（4）上海有丰富的智力资源，包括较多的科技人才，经营管理人才、国际管理和贸易人才，又有重要的人才培养基地。1984 年，国务院委托马洪等到上海，帮助研究拟定上海经济发展战略。在广泛征求意见、深入调查研究基础上，上海同国务院改造振兴上海调研组一起，于 1984 年 12 月向国务院提交了《关于上海经济发展战略的汇报提纲》。汇报提纲指出，30 多年来，上海为促进全国经济的发展做出了很大的贡献。但由于过分强调发挥工业生产基地的作用，而忽视了其他多种功能的发挥。如今作为老工业基地，装备陈旧，技术老化，城市基础设施严重落后，环境日益恶化。为此，提出了“成为中国四个现代化的开路先锋”和“充分发挥对外开放和多功能中心城市的作用”的发展目标，并确定了上海经济发展战略的“6 条方针”，即对国内国外同样开放，起沟通内外的桥梁作用；广泛采用先进技术，有重点地加快改造传统工业；逆向发展新技术，开拓新兴工业；发展第三产业，为全国服务；逐步改造老市区与积极建设新市区相结合；社会主义物质文明建设与精神文明建设相结合。

1985 年 2 月，国务院在正式批转的《关于上海经济发展战略的汇报纲领》中明确指出，上海在中国经济建设中占有举足轻重的地位。它是中国最重要的工业基地之一，也是全国最大的港口、贸易中心、科技中心和重要的金融中心、信息中心。在新的历史条件下，上海“要走改造、振兴的新路子，充分发挥中心城市多功能的作用”，要“充分利用对内对外开放的有利条件，发挥相对优势，引进和采用先进技术，改造传统工业，振兴新兴工业，发展第三产业，逐步改善基础设施和投资环境”，使上海成为全国四个现代化建设的“开路先锋”“力争到本世纪末把上海建设成为开放型、多功能、产业结构合理、科学技术先进、具有高度文明的社会主义现代化城市”。上海“还应成为利用外资、引进外技的主要门户，以及消化吸收后向内地转移先进技术和管理方法的桥梁；成为全国的商品集散地和最重要的外贸口岸，成为全国最重要的金融市场和经济技术信息中心；成为面向全国培训技术人员、经营管理人员、高级技工的培训中心”。同时指出，“改造、振兴上海不仅是上海市的大事，也是关系我国四个现代化建设的大事，国家应给予上海必要的支持，各地区和各有关部门也要积极给予支持和帮助。”

四个中心与现代化国际大都市

1979 年，党中央、国务院批准广东、福建在对外经济活动中实行“特殊政策、灵活措施”。在邓小平的倡导下，1980 年 5 月，中央在深圳、珠海、汕头、厦门开办了四个经济特区。1984 年，党中央和国务院决定自北向南进一步开放天津、上海、大连、秦皇岛、烟台、青岛、连云港、南通、宁波、温州、福州、广州、湛江、北海等 14 个沿海港口城市。1985 年，中央决定推进长江三角洲及闽南厦门、漳州、泉州地区沿海经济开发区的开放度。1988 年，中央决定将辽东半岛、胶东半岛、济南市等沿海市、县列入沿海经济开放区，同年划定海南岛为经济特区。至此，我国从南到北，形成了经济开放发展格局和态势。

上海是一个计划经济高度集中的城市，在国家由计划经济向市场经济转变的改革过程中，承担着维持国家财政收入增长、保持国民经济稳定的责任，或者说扮演着全国改革开放的“后卫”角色。1990 年，党中央、国务院宣布关于开发开放浦东的重大战略决策，并原则上批准在浦东新区实行经济技术开发区和某些经济特区的政策，使上海从全国改革开放的后卫变成了前锋。上海的开放发展由此掀开了崭新的一页。

1992 年 4 月，时任国务院总理李鹏在《政府工作报告》中指出：“通过上海浦东的开发开放带动长江三角洲地区乃至整个长江流域经济的发展，逐步使上海发展成为远东地区经济、金融、贸易中心之一。”

1992 年 10 月，党的十四大报告指出：“以上海浦东开发开放为龙头，进一步开放长江沿岸城市，尽快把上海建成国际经济、金融、贸易中心之一，带动长江三角洲和整个流域地区经济的新飞跃。”

1992 年上海市委、市政府组织了“迈向 21 世纪的上海”大讨论。自 1993 年下半年起，上海开展了新一轮的城市战略研究。在《迈向 21 世纪的上海——1996—2000 年上海经济社会发展战略》研究报告中，提出“到 2010 年，上海基本建成国际经济、金融、贸易中心，初步确立国际经济中心城市的地位。此后，再用 10 年或更长一段时间，建成国际经济、金融、贸易中心，并跻身于世界级的国际经济中心城市行列”的发展目标。1996 年通过的《上海市国民经济和社会发展九五计划与 2010 年远景目标纲要》，全面吸收了迈向 21 世纪的上海的研究成果，提出新的城市奋斗目标是到 2010 年，为把上海建成国际经济、金融、贸易中心奠定基础，初步确立上海国际经济中心城市的地位。

1995 年，党中央、国务院作出建设上海国际航运中心的重大决策。1996 年，党中央再次提出“要建设以上海为中心，以江浙为两翼的上海国际航运中心”。

2001 年 2 月，《上海市国民经济和社会发展第十个五年计划纲要》颁布。纲要指出，21 世纪初是上海加快建设国际经济、金融、贸易、航运中心的新时期，也是确立社会主义现代化国际大都市地位、全面提高城市综合竞争力的新阶段。

同年 5 月，国务院正式批复并原则同意《上海市城市总体规划》，明确指出上海市是中国直辖市之一，全国重要的经济中心。上海市的城市建设与发展要遵循经济、社会、人口、资源和环境相协调的可持续发展战略，以技术创新为动力，全面推进产业结构优化、升级，重点发展以金融保险业为代表的服务业和以信息产业为代表的高新技术产业，不断增强城市功能，把上海市建设成为经济繁荣、社会文明、环境优美的国际大都市，国际经济、金融、贸易、航运中心。由此确立了四个中心和现代化国际大都市的定位（表 2.4）。

表 2.4 20 世纪 80 年代以来上海城市定位表述的变迁

次序	时间	定位	来源文件
首次在国际层面设定上海城市定位	1986 年 10 月	太平洋西岸最大的经济贸易中心之一	国务院关于《上海城市总体规划方案》的批复意见
第 1 次修订，时隔 5 年	1991 年	社会主义现代化国际城市	《上海市国民经济和社会发展十年规划和第八个五年计划纲要》
第 2 次修订，时隔 1 年	1993 年 4 月	远东地区经济、金融、贸易中心之一	国务院 1993 年度《政府工作报告》
第 3 次修订，时隔 1 年	1992 年 5 月	远东地区经济、金融、贸易中心之一和现代化国际城市	《浦东新区国民经济和社会发展十年规划和“八五”计划纲要》
第 4 次修订，时隔 5 月	1992 年 10 月	国际经济、金融、贸易中心之一	“中共十四大报告”
第 5 次修订，时隔 4 年	1996 年	国际经济、金融、贸易中心之一和国际经济中心城市	《上海国民经济和社会发展“九五”计划与 2010 年远景目标纲要》
第 6 次修订，时隔 5 年	2001 年	国际经济、金融、贸易、航运中心之一和社会主义现代化国际大都市	《上海市国民经济和社会发展第十个五年计划纲要》

资料来源：屠启宇《谋划中国的世界城市：面向 21 世纪中叶的上海发展战略研究》，上海三联书店，2008 年，63—64 页。

2011 年，《上海市国民经济和社会发展第十二个五年规划纲要》对四个中心功能建设提出了更高的目标，即“与中国经济实力和国际地位相适应，具有全球资源分配能力的国际经济、金融、贸易、航运中心”（表 2.5）。

表 2.5 上海“四个中心”的发展目标

四个中心	2020 发展目标
国际经济中心	实现综合竞争力和产业竞争力持续提升，经济中心城市国际地位不断提高，金融航运贸易功能有机结合；创新经济成为经济增长主要驱动力
国际贸易中心	基本建成具有国际国内两个市场资源配置功能，现代服务业发达，万商云集，服务长三角地区、服务长江流域、服务全国，与我国经济贸易地位相匹配的国际贸易中心
国际航运中心	基本建成航运资源高度聚集、航运服务功能健全、航运市场环境优良、现代物流服务高效，具有全球航运资源配置能力的国际航运中心
国际金融中心	基本建成与我国经济实力以及人民币国际地位相适应的国际金融中心

资料来源：周振华、洪民荣《上海改革开放 40 年大事研究》（卷四），格致出版社，2018 年，168 页。

黄金十年与四个中心的建设成就

上海市委、市政府曾将 20 世纪 90 年代上海的变化概括为三个“三年大变样”和“八大历史性变化”。

三个“三年大变样”包括：（1）第一个三年大变样：修路修桥，切实解决城市交通和城市市政设施建设；（2）第二个三年大变样：旧区改造、建新房，切实解决老百姓的住房问题；（3）第三个三年大变样：从城市发展的长远战略出发，切实抓好城市环境保护和环境建设。

“八大历史性变化”包括：（1）经济体制从传统的计划经济模式转向社会主义市场经济体制，商品市场化程度已达 95%，实现投资主体多元化的国有企业占改制企业的 80% 以上；（2）城市性质从工商城市转向经济中心城市，拥有证券、外汇、期货、人才等一批国家级要素市场，以及 18 个区域性市场和 180 个地方性市场；（3）城市建设从还历史性欠账转向建设枢纽功能性设施，初步形成市区立体交通网的构架，基本建成信息港的主体工程，全市新建建筑面积达到一亿多平方米；（4）经济运行从相对封闭转向全方位开放，91个国家和地区在上海投资2.2万多个项目，累计吸收外资合同金额454亿美元，全国各地在沪投资企业1.5万多家，注册资金超过600亿元；（5）经济发展重心由“调整中发展”转向“发展中调整”，在加快工业高地建设的过程中，第三产业占国内生产总值比重超过50%，信息产业成为工业第一支柱；（6）各项社会事业发展从量的扩大转向质的提高，新增劳动力受教育年限超过12年，平均期望寿命达78岁，先后建成一批标志性的文化设施；（7）城乡人民生活从温饱型转向比较宽裕的小康型，城镇居民年人均可支配收入超过1.15万元，农村年人均纯收入超过5500元，城镇登记失业率低于3.5%，市区居民人均居住面积超过11平方米；（8）人们的活动方式从“单位人”转向“社会人”，城镇社会保障覆盖率超过98%（表2.6）。[20]

表2.6 1992—2007年上海GDP增速与全国同期增速比较

年份	上海GDP增速	全国GDP增速	上海与全国速度差距
1992	14.8%	14.2%	0.6%
1993	15.1%	14.0%	1.1%
1994	14.5%	13.1%	1.4%
1995	14.3%	10.9%	3.4%
1996	13.1%	10.0%	3.1%
1997	12.8%	9.3%	3.5%
1998	10.3%	7.8%	2.5%
1999	10.4%	7.6%	2.8%
2000	11.0%	8.4%	2.6%
2001	10.5%	8.3%	2.2%
2002	11.3%	9.1%	2.2%
2003	12.3%	10.0%	2.3%
2004	14.2%	10.1%	4.1%
2005	11.1%	10.4%	0.7%
2006	12.0%	11.1%	0.9%
2007	14.3%	11.9%	2.4%

资料来源：孙海鸣《上海30年：改革开放与经济发展》，上海财经大学出版社，2008年，202页。

20. 康燕《解读上海》，上海人民出版社，2001年，118—119页。

从国际比较角度看，20 世纪 90 年代初，上海 GDP 总值远比新加坡和巴黎为低，是伦敦和纽约的 1/6，是东京的 1/20。从人均 GDP 看，差距更大，是中国香港、新加坡、巴黎、伦敦的近 1/7，纽约的 1/10，东京的 1/20。

1999 年，上海 GDP 总值 4035 亿元，人均 GDP 30805 元，超过了 3700 美元，第三产业从业人数比例达到 42%。2000 年，GDP 达到总值 4551 亿元，人均 GDP 34547 元，第三产业从业人数比例接近 45% [21]，进入了世界银行规定的中等收入国家和地区的水平。

进入 21 世纪以来，四个中心与现代化国际大都市建设取得新突破（表 2.7）。与《上海市国民经济和社会发展第十二个五年规划纲要》提出的“十二五”期末指标体系比较起来看，大部分指标在 2013 年年末已接近目标值（表 2.8）。

表 2.7 上海“四个中心”的重要突破与标志事件

四个中心	重要突破	标志事件
国际金融中心	· 金融市场规模进一步扩大，金融市场功能进一步增强 · 跨境贸易人民币结算规模持续扩大 · 功能性金融机构集聚能力进一步提升	· 股票交易金额全球第 4 位，股票市值全球第 7 位，黄金现货交易量连续多年保持全球第 1 位 · 上海跨境人民币结算总量超过 5000 亿元，居全国前列 · 外资法人银行、合资证券公司、合资基金管理公司、外资法人财产险公司均占全国总数一半以上
国际航运中心	· 港口货物吞吐量世界领先，现代航运集疏运体系不断优化 · 现代航运服务体系进一步完善，在国际航运市场上的话语权明显提升 · 现代航运集疏运体系不断优化，外高桥港区、洋山深水港建设加快	· 上海港货物吞吐量、集装箱吞吐量连续保持全球第一 · 散集箱、干散箱、原油等运价指数及船舶价格指数相继发布 · 洋山保税港区船舶登记工作取得了实质性进展

21.《上海年鉴 2001》，上海年鉴社，2002 年，537 页。

续表

四个中心	重要突破	标志事件
国际贸易中心	·贸易总量快速增长，服务贸易表现突出 ·商贸环境进一步改善 ·中国（上海）自贸区设立	·保税区商品销售额、工商税收占全国110个海关特殊监管区域的比重超过50% ·服务贸易占全国的比重达1/3 ·“国家进口贸易促进创新示范区”正式揭牌，成为全国第一个国家级的进口贸易促进创新示范区，虹桥商务区成为国际贸易中心的新承载地
国际经济中心	·产业结构进一步优化，城市服务功能增强 ·城市创新能力显著提高	·三产就业占比超过50%，增加值占比超过60% ·R&D经费支出占全市生产总值的比例超过3%

资料来源：石良平、沈开艳等《上海“四个中心”创新升级研究》，上海社会科学院出版社，2016年，28—29页。

表2.8 上海“四个中心”发展现状的核心指标评判

核心指标	上海		纽约	伦敦	东京
	实际发生值（2013）	目标值（2015）			
人均GDP	1.45万美元	1.7万美元	13.68万美元(2010)	9.3万美元（2007）	6.5万美元(2011)
经济规模全国占比	3.8%	4.0%	8.1%（2008）	22%（2012）	≈60%（2012）
金融业增加值全国占比	12.6%（前三季度）	15%	17.7%（2012）	43.0%（2006）	36.5%（2009）
金融保险房地产就业占比	5.7%				
（2012）	6%	17.3%(1985)	18.2%（1985）	6.7%（1996）	
股票市值全球占比	3.9%	3.0%	33.5%	6.9%	7.1%
外汇日均交易全球占比	0.66%	2%	18.93%	40.86%	5.61%
航空旅客进出港数量	8279.2万人次(全球第七)	1亿人次	全球第二	全球第一	全球第三
航空货邮吞吐量	335万吨（全球第三）	550万吨			
港口货物吞吐量	7.76万吨（全球第一）	全球第一			
航运保险收入全球占比	1.0%				
（2010）	1.2%	7.6%（2010）	20.1%（2010）	10.6%（2010）	

续表

核心指标	上海		纽约	伦敦	东京
	实际发生值（2013）	目标值（2015）			
二手船舶交易额	25 亿元				
（2009）	35 亿元		1223 亿元（2009）		
物流业增加值全市占比	4.07%	13%			
服务贸易进出口总额（服务贸易依存度）	1725.4 亿美元（8%）	≧ 2000 亿美元			
转口贸易规模占比	4%（2009）	6%	香港 75%、新加坡 35%（2009）		
社会消费品零售总额	8019 亿元	1 万亿元			
信息服务业经营收入（GDP 占比）	4317.29 亿元（20%）	6000 亿元			
文创产业增加值占比	11.29%	≈12%			
国内游客人数	1.14 亿人次	2.4 亿人次			
入境游客人数	757.4 万人次	≧ 1000 万人次	838 万人次	1522 万人次	594 万人次
外籍人口全市占比	0.9%	2%	36.8%	30.8%	2.4%
展会总面积	1200 万平方米	1500 万平方米			

资料来源：石良平、沈开艳等《上海"四个中心"创新升级研究》，上海社会科学院出版社，2016 年，29—30 页。

迈向卓越全球城市

有关全球城市的研究

早在 1889 年，德国学者哥瑟（Goethe）就曾使用“世界城市”来描述当时的罗马和巴黎。1915 年，英国城市和区域规划大师格迪斯（Patrick Geddes）在其《进化中的城市》一书中，提出世界城市是“世界最重要的商务活动绝大部分都须在其中进行的那些城市”。

英国地理学家、规划师彼得 • 霍尔（Petter Hall）在其所著《世界城市》中指出，世界城市是指那些已对全世界或大多数国家发生经济、政治、文化影响的国际第一流大都市，具体包括以下几个方面：主要的政治权力中心；国家的贸易中心；主要银行所在地和国家金融中心；各类专业人才聚集的中心；信息汇集和传播的地方；大的人口中心，而且集中了相当比例的富裕阶层人口；娱乐业已成为重要的产业部门。

1986 年美国著名城市学家弗里德曼（Fridman）发表了《世界城市假说》一文，阐述了有关世界城市的几个基本观点[22]：（1）世界城市基本位于发达国家，主要集中在美、日、欧国家，也有一些出现在经济发展水平与美、日、欧接近的所谓半边缘地区；（2）世界城市拥有以金融、服务业为主的产业集群，这是其特定的经济产业体系；（3）世界城市对全球经济文化生活发挥重要影响力；（4）世界城市的一个重要的衡量指标是人口的多样性，虽然未形成固定标准，但出生地为外国的人口占城市人口的百分比却能够反映世界城市的开放性；（5）世界城市的特征是文化生活的多元性，呈现为官方语言的多语种化以及城市权利机构对非本土文化一视同仁、多种族小区“马赛克”式的生存、各种族居民对市政的积极参与等；（6）本地居民的边缘化：世界城市过去为世代居住于此的居民提供特权，现在扩及外来人士，本地居民在城市精英队伍

22. 屠启宇《谋划中国的世界城市：面向 21 世纪中叶的上海发展战略研究》，上海三联书店，2008 年，44 页。

中的比重不断下降，原来城市生活中的地方色彩趋于淡化。

1995 年，弗里德曼将世界城市的判断标准进一步修正为：（1）世界经济融合的职能；（2）空间组织与协调基点；（3）全球经济控制能力；（4）国际资本积累之地；（5）国际与国内移民的终点。

首次提出“全球城市”概念的美国社会学教授萨森（Saskia Sassen）对纽约、伦敦、东京三个最顶级的全球城市做了大量的实证研究。萨森认为，全球城市在世界经济中发展起来的关键动力在于其集中优良的基础设施和服务，从而使它们具有了全球控制能力。全球城市具有以下 4 个基本特征：（1）高度集中化的世界经济控制中心；（2）金融和特殊服务业的主要所在地；（3）包括创新生产在内的主导产业的生产场所；（4）作为产品和创新的市场。

另一位国际知名的美国社会学家卡斯特尔（Manuel Castells）从流动空间的角度，把全球城市描述为世界范围内“最有直接影响力”的节点以及中心。因为“城市不是依靠它所拥有的东西而是通过流经它的东西来获得和积累财富、控制和权力”。

2002 年在上海召开的“上海经济发展与国际大都市比较”国际研讨会，邀请了萨森出席会议并作主题发言。会议期间，萨森将新版《全球城市》一书赠予中国学者，随后该书被翻译成中文出版，激发了中国学术界对全球城市的研究热情。

在综合国外学者研究的基础上，中国学者提出了自己的全球城市概念。如周振华指出，所谓全球城市就是在经济、文化资本及创新方面最有实力的，并通过全球城市网络中的广泛联系而体现其在全球经济活动中举足轻重的战略地位，在全球经济协调与组织中扮演超越国家界限的关键角色，成为全球资源要素大规模流动及其配置的基本节点城市。

周振华认为，全球城市的主要特征表现为：（1）全球经济体系的连接点，高度集中化的世界经济协调与组织中心，各区域经济通过全球城市的连结而成为一个有机的整体；（2）公司总部、金融及专业服务公司等功能性机构的主要所在地，全球资本、信息、商业服务、高端专业人才等要素的汇聚地和流动地；（3）引领全球创新思想、创意行为、创业模式的主要策源地，包括创新生产在内的主导产业的生产场所；（4）经济与社会、文化的互动程度非常高，能创造更多工作机会和更加富裕的程度，而社会极化现象也更为突出；（5）融入全球城市区域中的核心城市，具有多核心城市空间结构和中心城区商务服务高密集布局的明显特征。[23] 他还区分了全球城市的两种类型，即综合性的全球城市和专业性的全球城市。综合性的全球城市，具有全面发展的组织构造，不仅银行、金融、生产者服务的全球网络联系性较强，媒介、文化联系性等方面也都处于前列，因而在全球网络总体联系上会趋向靠前的位置。专业性的全球城市，具有重点方面发展的组织构造，可能在银行、金融业方面表现卓越，有较强的银行、金融全球性网络联系性，但在其他商务服务领域却没有相应的地位，从而在总体联系上会趋向于排在相对较低的位置。[24]

何谓崛起中的全球城市？周振华指出，崛起中的全球城市就是指那些纳入全球城市体系之中已经具备相应基础条件，并正朝着全球城市方向发展的潜在全球城市。它所要具备的基本特质是与全球城市一致的，只不过程度不同而已，是一个次节点或一般节点的网络化联系程度。与此相适应，崛起中的全球城市的内部组织构造特征还不像全球城市那样鲜明，但已开始具备相应的基本雏形。例如全球城市高度集中的是跨国公司总部和国际性组织机构；而作为崛起中的全球城市，更多的是集中了跨国公司地区或国内总部和大公司总部，或者是跨国公司和大公司的研发总部、营销总部等。又如作为崛起中的全球城市，也已开始成为个别全球性市场的所在地，或者已集中了一批对全球有一定影响力的各类大市场；也已开始成为聚集各种高级专业商务服务的所在地、各种国内外商贸及其他行业协会高度集中的所在地，以及各类非政府组织的集中地。作为崛起中的全球城市，在新闻传媒、信息服务及文化等方面同样也集中了不少相关组织机构。[25]

23. 周振华《上海迈向全球城市：战略与行动》，上海人民出版社，2012 年，10—11 页。
24. 同上，11 页。
25. 同上，15—16 页。

上海成为卓越全球城市的可能性

全球经济重心东移，亚洲有望成为世界经济中心

全球经济重心自 20 世纪 80 年代开始由欧美向亚洲迁移，2008 年全球金融危机后东移趋势益加明显。亚洲成为世界经济增长最快的地区，东亚又是亚洲的增长核心。1960 年，东亚地区 GDP 仅占全球的 14%，此后稳步增长，目前已约占 27%。亚太地区必将出现顶级全球城市（表 2.9）。

表 2.9 2000—2050 年亚洲经济增长及其在全球所占比重预测

	2010 年	2020 年	2030 年	2040 年	2050 年
全球产出（市场汇率，万亿美元）	62	90	132	195	292
亚洲占全球的比重	27.4%	33.5%	38.9%	44.5%	50.6%
全球增长	—	4.0%	3.9%	3.8%	3.6%
亚洲增长	—	5.8%	5.2%	4.8%	4.4%
亚洲在全球增长中的份额	—	55.7%	59.3%	62.8%	66.0%
全球人均 GDP（美元）	10700	14300	19400	26600	36600
亚洲人均 GDP（美元）	6600	10600	16500	25400	38600

资料来源：周振华《全球城市——演化原理与上海 2050》，格致出版社，2017 年，220 页。

从 GaWC 全球城市排名来看，亚太地区的城市崛起态势十分明显。位于全球前 20 位的城市从 2000 年的 4 个增加到 2010 年的 7 个，尤其是中国、印度等新兴经济体的城市成为主要的力量（表 2.10）。

表 2.10 GaWC 全球城市排名比较

地区	2000 年前 20 位	2010 年前 20 位
北美洲	纽约、芝加哥、洛杉矶、多伦多、旧金山、墨西哥城，共计 6 个	纽约、芝加哥、洛杉矶、多伦多、墨西哥城，共计 5 个

续表

地区	2000 年前 20 位	2010 年前 20 位
欧洲	伦敦、巴黎、米兰、马德里、阿姆斯特丹、法兰克福、布鲁塞尔、苏黎世，共计 8 个	伦敦、巴黎、米兰、马德里、法兰克福、莫斯科，共计 6 个
亚太地区	香港、东京、新加坡、台北，共计 4 个	香港、新加坡、东京、上海、迪拜、北京、孟买，共计 7 个
大洋洲与南美洲	悉尼、圣保罗，共计 2 个	悉尼、圣保罗，共计 2 个

资料来源：肖林、周国平《卓越的全球城市：不确定未来中的战略与治理》（中卷·战略愿景），格致出版社、上海人民出版社，2017 年，302 页。

中国崛起及全球影响力

改革开放以后，随着中国经济的长期、持续和较快增长，中国已成为全球重要的经济大国，在全球经济中的地位持续上升，GDP 总量跃升全球第二。到 2050 年，中国将成为世界最大经济体。随着连接亚洲、欧洲和非洲的全世界最大经济走廊“一带一路”的建设，中国将实现从一般参与全球化到引领新的全球化进程的根本转变，从而为上海全球城市崛起及其演化提供深厚基础及重要战略支撑。[26] 上海完全可能凭借中国综合国力的支持和经济持续快速增长，崛起为具有全球影响力的全球城市（表 2.11）。

表 2.11 经合组织、法国国际经济中心、普华永道对 2025 年、2050 年世界 GDP 份额的预测

		2025 年	2050 年
		世界 GDP 份额，PPP	世界 GDP 份额，PPP
经合组织	中国	17%	16%
	美国	16%	12%
	欧盟 27 国	16%	11%
	日本	4%	2%
	印度	8%	14%
	俄罗斯	3%	2%
	巴西	3%	3%
	其他	33%	40%

26. 周振华《全球城市——演化原理与上海 2050》，格致出版社，2017 年，231 页。

续表

		2025 年	2050 年
		世界 GDP 份额，PPP	世界 GDP 份额，PPP
法国国际经济中心	中国	22%	28%
	美国	15%	10%
	欧盟 27 国	15%	10%
	日本	5%	3%
	印度	8%	12%
	俄罗斯	3%	4%
	巴西	3%	2%
	其他	29%	31%
普华永道	中国	19%	21%
	美国	16%	13%
	欧盟 27 国	16%	12%
	日本	4%	3%
	印度	8%	15%
	俄罗斯	4%	3%
	巴西	3%	3%
	其他	30%	30%

资料来源：周振华《全球城市——演化原理与上海 2050》，格致出版社，2017 年，237 页。

另外，中国已具有日益增强的全球存在影响力。根据西班牙皇家埃尔卡诺研究所《2016 全球存在指数》报告，中国的全球存在指数从 2014 年的 387 点提升至 2015 年的 414 点，超过德国和英国，居于世界第二。中国已成为仅次于美国的拥有最大全球存在影响力的国家。[27]

上海渐具全球城市的基础与实力

20 世纪初，上海是远东第一城市。新中国成立后，上海一直是中国最大的经济中心城市。改革开放以来，特别是浦东开发开放后，上海的发展日新月异，累积了“深厚的经济实力和强大的发展动力”。

早在 21 世纪之初，国际经济界就认为，在综合竞争力方面，上海已接近东京、香港、首尔和新加坡等亚洲城市，且发展潜力巨大。在对外开放和融入

27. 周振华《全球城市——演化原理与上海 2050》，格致出版社，2017 年，238 页。

世界经济进程中，上海已具备角逐顶端全球城市潜在基础及条件。

关于全球城市发展比较研究方面，目前发布研究报告具有影响力的主要有三家：日本的城市战略研究所，侧重于“全球城市实力指数”发布；普华永道咨询公司的“机遇之都指数”，偏重于商业环境；全球自然与建筑资产设计及顾问公司凯迪斯，偏重于可持续发展的比较研究。以上海为例，在全球城市实力排序中位列第 12 位，在机遇之都排序中位列第 21 位，在可持续发展指数中位列第 74 位（表 2.12、表 2.13、表 2.14）。

表 2.12 2016 年全球城市实力指数排名

排名	城市		排名	城市		排名	城市
1	伦敦		15	斯德哥尔摩		29	华盛顿
2	纽约		16	苏黎世		30	日内瓦
3	东京		17	北京		31	米兰
4	巴黎		18	多伦多		32	吉隆坡
5	新加坡		19	哥本哈根		33	台北
6	首尔		20	巴塞罗那		34	曼谷
7	香港		21	伊斯坦布尔		35	莫斯科
8	阿姆斯特丹		22	大阪		36	福冈
9	柏林		23	布鲁塞尔		37	墨西哥城
10	维也纳		24	旧金山		38	圣保罗
11	法兰克福		25	芝加哥		39	孟买
12	上海		26	马德里		40	雅加达
13	洛杉矶		27	波士顿		41	开罗
14	悉尼		28	温哥华		42	约翰内斯堡

资料来源：李清娟、兰斓《全球城市：服务经济与国际化——伦敦 纽约 上海比较研究》，同济大学出版社，2017 年，97 页。

表 2.13 普华永道《机遇之都 7》城市排名

排名	城市		排名	城市		排名	城市
1	伦敦		11	首尔		21	上海
2	新加坡		12	柏林		22	莫斯科
3	多伦多		13	芝加哥		23	墨西哥城
4	巴黎		14	洛杉矶		24	约翰内斯堡
5	阿姆斯特丹		15	东京		25	圣保罗

续表

排名	城市	排名	城市	排名	城市
6	纽约	16	马德里	26	波哥大
7	斯德哥尔摩	17	迪拜	27	里约热内卢
8	旧金山	18	米兰	28	雅加达
9	香港	19	北京	29	孟买
10	悉尼	20	吉隆坡	30	拉各斯

资料来源：李清娟、兰澜《全球城市：服务经济与国际化——伦敦 纽约 上海比较研究》，同济大学出版社，2017 年，98 页。

表 2.14 2016 年凯迪思可持续城市指数亚洲城市排名

亚洲排名	城市	全球排名	人民指数排名	地球指数排名	盈利指数排名
1	新加坡	2	48	12	1
2	首尔	7	1	26	18
3	香港	16	81	29	2
4	澳门	41	69	51	15
5	东京	45	44	50	28
6	台北	48	32	71	27
7	吉隆坡	55	53	84	19
8	深圳	64	73	66	56
9	曼谷	67	64	79	53
10	北京	73	45	97	67
11	上海	74	43	91	77
12	广州	78	65	80	78
13	天津	85	68	77	87
14	河内	87	46	76	94
15	雅加达	88	58	85	88
16	金奈	89	76	69	95
17	班加罗尔	91	75	62	99
18	孟买	92	86	75	93
19	成都	93	63	92	92
20	武汉	94	62	98	89
21	马尼拉	96	93	86	91
22	新德里	97	87	90	97
23	加尔各答	100	78	100	100

资料来源：李清娟、兰澜《全球城市：服务经济与国际化——伦敦 纽约 上海比较研究》，同济大学出版社，2017 年，101 页。

迈向卓越全球城市

上海自开埠至 21 世纪初的一个半世纪，已编制了 4 版城市总体规划。

1927 年上海特别市政府成立后，开始规划上海都市发展计划。1929 年制订《上海市市中心区域计划》重点建设以江湾为中心、联结淞沪两地的中间地区，作为上海市中心区。1930 年拟订《大上海计划》，是《上海市市中心区域计划》的延伸和扩大，包括了上海作为一个国际大都市的各个方面，是近代上海第一个大型的、综合性的都市发展规划。抗战胜利后，又制订了《大上海都市计划》。《大上海都市计划》与《大上海计划》有着内在的历史联系，但理论与设计水平更高，建设规模和目标更为宏大，堪称一部比较完备的现代都市发展规划。

1953 年，上海市政府编制了《上海城市规划示意图》。1959 年，市政府又编制了《上海市总体规划草图》。1959 年 10 月完成的《关于上海城市总体规划的初步意见》中，提出上海是中国重要的工业基地，重要的文化和科学技术中心，是中国最大的港口城市和海上大门。上海的工业应向高、精、尖方向发展，把上海建设成为世界上最先进、美丽的城市之一。规划对城市建设和发展提出“逐步改造旧市区、严格控制近郊工业区、大力发展卫星城”的总方针。

1986 年 7 月，上海市政府完成了自 1983 年着手编制的《上海市总体规划方案》，并正式上报中央和国务院。同年 10 月，国务院在同意规划的批复意见中指出，上海是中国最重要的工业基地之一，也是中国最大的港口和重要的经济、科技、贸易、金融、信息、文化中心，应当更好地为全国的现代化建设服务。同时，还应当把上海建设成为太平洋西岸最大的经济贸易中心之一。规划明确城市发展的方向是要建设改造中心城，同时发展郊区的卫星城；有步骤地开发上海长江口杭州湾两翼，有计划地推进郊区城镇建设；形成中心城为主体，郊区城镇相对独立，群体组合的现代化城市。

2001 年国务院批准的《上海城市总体规划（1999—2020 年）》明确提出要把上海市建设成为经济繁荣、社会文明、环境优美的国际大都市，国际经济、金融、贸易和航运中心之一。规划明确了新时期上海城市发展的 4 个方向：拓展滨江沿海发展空间，形成滨水城镇和产业发展带；推进浦东新区的功能开发；集中建设郊区新城和中心镇；把崇明作为21世纪上海可持续发展的战略空间(表2.15)。

表2.15 上海历版总体规划城市性质

时期	社会发展背景	城市性质（发展方向）	规划名称
第一阶段	19世纪初，列强殖民入侵，被迫开放通商口岸	设世界港于上海	《大上海计划》（1927）
	20世纪40年代，战后城市重建	港埠都市，亦将为全国最大工商业中心之一	《大上海都市计划》（1949）
第二阶段	建国伊始，艰苦创业，要求上海发展基础性工业	保障工业生产，建成世界上的先进美丽城市	《上海城市总体规划》（1959）
	恢复经济建设，成为试点开放港口城市	我国最重要的工业基地之一，我国最大的港口和重要的经济、科技、贸易、信息和文化中心	《上海市城市总体规划方案》（1986）
第三阶段	21世纪初，改革开放深化，上海作为国家对外开放先导区，代表中国参与国际竞争	上海是我国的直辖市之一，全国重要的经济中心。把上海建设成为经济繁荣、社会文明、环境优美的国际大都市，国际经济、金融、贸易、航运中心之一	《上海市城市总体规划（1999—2020）》（1999）

资料来源：郑德高等《追求卓越的全球城市：上海城市发展目标和战略路径研究》，《城市规划学刊》2017年7期，70页。

2013年底，上海市委、市政府决策开展新一轮大规模的城市发展战略研究，即“面向未来30年的上海”发展战略研究。2014年，上海全面启动了《面向2050年的上海发展战略》，来自世界银行、国务院发展研究中心以及全市的科研院所、高校的研究团队积极参与项目研究，并陆续提出了上海未来城市发展的愿景目标。

2014年，上海市政府印发的《关于编制上海新一轮城市总体规划指导意见的通知》提出，到2040年，“在2020年基本建成‘四个中心’和社会主义现代化国际大都市的基础上，努力建设成为具有全球资源分配能力、较强国际竞争力和影响力的全球城市”。

新一轮城市总体规划基于对全球城市发展趋势的判断，响应国家战略对上海的定位和要求，立足于民众期待和上海实际情况，注重目标导向、问题导向和实施导向，在五个方面开展了研究[28]：（1）在城市发展目标上，提出上海建设卓越全球城市的目标内涵；（2）在发展模式上，确立“底线思维”“内涵发展”“弹性适应”的发展模式，并明确人口、土地两个关键要素的规划导向；（3）在空间布局上，从区域和市域两个层次上明确上海未来“网络化、多中心、组团式、集约型”的空间格局；（4）在发展策略上，从建设创新之城、人文之城、生态之城三个维度，重点对核心功能、综合交通、小区与住房、文化魅力、生态、安全等领域明确发展策略；（5）在实施保障上，从实现城市治理模式现代化的角度，提出规划编制、实施、维护的机制（图 2.1）。

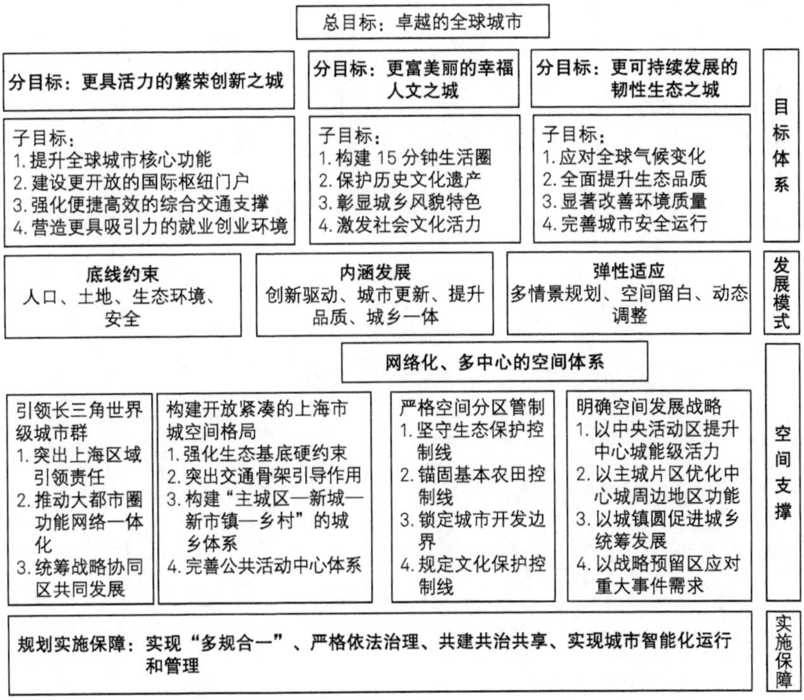

图 2.1 上海新一轮城市总体规划

资料来源：庄少勤《迈向卓越的全球城市——上海新一轮城市总体规划的创新探索》，《上海城市规划》2016 年 4 期，3 页。

28. 庄少勤《迈向卓越的全球城市——上海新一轮城市总体规划的创新探索》，《上海城市规划》2016 年 4 期，3 页。

新的城市总体规划（2017—2035）明确了上海城市性质：上海是我国的直辖市之一，长江三角洲世界级城市群的核心城市，国际经济、金融、贸易、航运、科技创新中心和文化大都市，国家历史文化名城，并将建设成为卓越的全球城市、具有世界影响力的社会主义现代化国际大都市。提出：到 2020 年，建成具有全球影响力的科技创新中心基本框架，基本建成国际经济、金融、贸易、航运中心和社会主义现代化国际大都市；2035 年，基本建成卓越的全球城市、令人向往的创新之城、人文之城、生态之城，具有世界影响力的社会主义现代化国际大都市；2050 年，全面建成卓越的全球城市，令人向往的创新之城、人文之城、生态之城，具有世界影响力的社会主义现代化国际大都市。

全球城市治理

作为研究全球城市最有影响力的一名学者、社会学家，萨森认为全球城市并非简单遵循经济逻辑，而是与城市所处具体地点、地方空间、内部动态和社会结构紧紧联系在一起。全球城市功能在相当程度上要通过当地制度环境和法律、行政框架才得以形成和发展，因此它不是“一个简单的标准化存在”。把全球城市仅仅理解成全球性经济机器的产物，被认为是极具误导性的。

在将上海建设成为一个全球城市的过程中，中央政府发挥了决定性的作用。或者说，由于得到中央政府的强力支持，上海市政府拥有更多的权力和动力，以前所未有的速度把上海建设成为一个全球城市。

简化行政流程，改善政府工作效率

由于行政效率不高，1988 年以前，外商在上海投资 100 万美元项目需要经过许多个政府部门审批，要盖 100 多个图章。

1988 年 6 月，为简化投资审批手续，提高办事效率，按照时任市长朱镕基要求，建立具有综合性和权威性的外商投资管理机构——上海市外国投资工作委员会，实行“一个机构、一个窗口、一个图章”。市外资委负责审批 500 万美元以下的限制性外商投资项目和 500 ~ 3000 万美元的外商投资项目，为外商投资者提供介绍投资环境、推荐中方合作伙伴、政策和法律咨询等行政服务，协调解决外商投资企业在筹建和生产经营中遇到的重大问题。

中国加入 WTO 对深化地方政府管理体制、促进政府管理水平的提高提供了强大的推动力。1999 年，在《中国加入 WTO 对上海经济的影响及对策研究》报告中提出，继续扩大对外开放，加快经济体制改革步伐，建立健全相应的法律法规，充分运用 WTO 的规则对发展中国家的保护条款，趋利避害，积极争取加快发展的主动权。时隔不久，上海市政府 WTO 上海行动领导小组宣布成立，并草拟了《关于中国加入 WTO 上海行动计划纲要》，就充分发挥政府各职能部门合力，提出了总体要求和具体部署。还组织专家编写出版了《WTO 与地方行政管理制度研究》，以全面开放促进行政体制改革，塑造与国际通行规则接轨的行政管理体系。

努力和国际接轨，依照国际惯例办事

为适应对外开放的需要，政府组织力量对原有涉外经济法规进行全面清理，制定了《上海市关于鼓励外商投资的若干规定》《上海市三资企业申请的审批规定》等地方性法规。1986 年《上海市关于鼓励外商投资的若干规定》在减免税收、降低费用、保障外商投资企业经营自主权方面提供了优惠条件，并进一步完善了利用外资的管理和服务体制。1988 年上海虹桥开发区土地使用权有偿转让采取国际招标，相应地颁布了 20 多个涉及外资的地方性法规。1996 年 10 月在全国率先发布《上海市外商投资企业审批条例》，为外商提供公正、透明、稳定的法制环境。

创设上海市市长国际企业家咨询会，吸取国际经验和世界智慧

20 世纪 80 年代中期，汪道涵从当时的市长职务上退下来后，就提出组织“上海发展国际咨询会”设想，曾两次邀请国际著名城市市长、世界顶级经济学家、跨国企业集团的 CEO 等共同为上海的建设和发展出谋划策。

1988 年开始，时任上海市长朱镕基接受中国国际投资信托公司常务董事经叔平建议，创设上海市市长国际企业家咨询会，邀请国际金融业巨子、“财富 500 强”前 50 位中的若干大公司 CEO 共二十余位商业领袖，每年聚焦上

海发展中迫切需要解决的重大问题展开研究与讨论，为上海发展献计献策。上海市市长国际企业家咨询会几乎涉及上海国际化大都市建设、发展和管理的各个领域，成为上海市政府名副其实的“国际智囊团”（表 2.16）。

表 2.16 历任上海市长咨询会议信息汇总

场次	召开时间	会议主题
第一次	1989/10/9	市长咨询会议章程
第二次	1990/3/16	浦东开发、金融改革、产业结构调整以及上海如何成为长江三角洲和东亚地区物流中心等问题
第三次	1991/10/13-15	上海如何建成世界贸易和货物集散中心，如何发展上海的中小企业
第四次	1992/10/5-6	如何创立中小企业和如何搞活国有企业
第五次	1993/11/8-9	航空运输和电信发展
第六次	1994/11/6-8	围绕城市规划、人力资源开发、航空运输和通讯 4 个专题展开讨论
第七次	1995/10/29-30	回顾金融业发展状况
第八次	1996/11/3-4	如何把上海建成国际商贸中心和下岗待业人员再就业培训
第九次	1997/11/2-3	上海如何面向 21 世纪
第十次	1998/11/1-2	金融风险管理和咨询会议十年回顾
第十一次	1999/9/26	创新和新兴产业的发展
第十二次	2000/10/29	管理：城市的规划、交通和管理
第十三次	2001/11/4	中国加入世贸组织后，上海的机遇和挑战
第十四次	2002/11/3	如何把上海建成世界级城市
第十五次	2003/11/2	如何举办一次最精彩、最成功、最难忘的世博会
第十六次	2004/10/31	如何提升上海的国际竞争力
第十七次	2005/10/30	加快发展现代服务业
第十八次	2006/11/5	提升城市创新能力
第十九次	2007/10/28	构建资源节约型、环境友好型城市
第二十次	2008/11/2	回顾与展望——全球化进程中的上海
第二十一次	2009/11/1	积极应对国际金融危机挑战，加快实现上海经济转型
第二十二次	2010/10/10	建设充满活力的创新城市
第二十三次	2011/10/30	加强市场体系建设
第二十四次	—	—

续表

场次	召开时间	会议主题
第二十五次	2013/10/27	提升上海城市软实力
第二十六次	2014/11/2	加快推进中国上海自由贸易试验区建设
第二十七次	2015/11/1	加快建设具有全球影响力的科技创新中心
第二十八次	2016/11/9	互联网时代的上海可持续发展
第二十九次	2017/9/17	迈向卓越的全球城市
第三十次	2018/10/28	新起点、新阶段、新作为——新形势下上海全方位的对外改革开放

资料来源：东方网。

“一座城市的市长请外国城市市长、企业家和专家学者提建议，这是很有开拓性的行动。会议好就好在上海市市长可以听到世界各地许多国家、城市和企业的不同声音，他们的成功经验和教训，对上海向国际大都市迈进，是一笔宝贵的财富。”[29]

1998 年 11 月，上海市市长国际企业家咨询会迎来第十个年头，时任市长徐匡迪在专题总结咨询会议收获时认为，近年来上海发展的许多思路，都受到了咨询会议成员们真知灼见的启发。

制定国际化指标

为营造国际化经济和社会发展环境，吸引具有全球视野的人才、企业和国际机构，杨浦区编制了反映杨浦国际化发展水平的统计指标体系（表 2.17）。

29. 康燕《解读上海》，上海人民出版社，2001 年，107 页。

表 2.17 杨浦国际化指标统计表

大项指标	分项指标			2015年度	较2014年	占全市比重	备注
人口国际流动指标	1. 常住人口 / 万人			131.52	-0.64%	5.45%	
	2. 户籍人口 / 万人			108.48	-0.35%	7.57%	
	3. 四所大学外国留学生人数 / 人			15440		27.57%	来自世界 120 多个国家和地区。全市外国留学生人数约 5.6 万人
	其中：复旦大学			6410	3%		
	同济大学			5123			
	上海财经大学			2892			
	上海理工大学			1015			
	4. 常驻外籍人员数 / 人			2247		0.59%	
	5. 入境游人数 / 万人次			0.61	105.81%		
	6. 旅行社组织出境游人数 / 万人次			90.54	176.97%		由注册在杨浦区的旅行社统计，包括区外人次
	7. 外籍人员就业数 / 人			1279			截至 2016 年 7 月 31 日（中国港澳台 218 人不含在内）
经济开放指标	本区经济	8. 地区生产总值 / 亿元		1581.47	6.0%	6.3%	
		9. 税收收入 / 亿元		986.15	1.40%		
		10. 财政总收入 / 亿元		1038.12	4.00%		
		11. 一般公共预算支出 / 亿元		162.76	15.80%		
	利用外资	12. 合同引进外资 / 亿美元		5.25	47%	0.89%	来自中国港澳台、欧洲、美国为主的 24 个国家和地区，其中知识型现代服务业和高新技术产业占主导地位
		13. 引进外资项目 / 亿美元		119	25%	1.98%	
		14. 实际利用外资 / 亿美元		1.85		1.00%	
		15. 外资总部机构 / 个		15	15%	2.80%	
	对外贸易	16. 海关进出口总额 / 亿美元		19.05	5.20%	0.42%	
		17. 出口总额 / 亿美元		10.55	3.60%	0.54%	
		18. 进口总额 / 亿美元		8.5	7.20%	0.33%	
科技创新指标	19. 高新技术企业数 / 家		272	12.40%	5.04%		
	20. 外资研发机构数量 / 家		5	66.67%		截至 2016 年 7 月	
	21. 研发投入 / 亿元		13.44	3.94%	1.45%		
	22. 教育经费投入 / 亿元		26.88	7.80%	3.50%		
	23. 每万人发明专利拥有量 / 个		52.22	17.08%		高出全市平均值 80.69%	

续表

大项指标	分项指标		2015年度	较2014年	占全市比重	备注
国际生活环境指标	24. 国际学校数量（小学中学）	2			全市招收外籍学生的国际学校30余家，21家设置国际课程班	
	25. 人均公共绿地面积/平方米	4.32	0.50%			
	26. 每10万人拥有博物馆与文化艺术场馆数量/个	3.12				

资料来源：李清娟、兰斓《全球城市：服务经济与国际化——伦敦 纽约 上海比较研究》，同济大学出版社，2017年，167—168页。

建立国际化社区

伴随着经济的全球化、城市的国际化、境外人员的增多，上海国际社区已经形成并日益扩张（表2.18）。

表2.18 主要年份在沪外国常住人口（单位：人）

类别	2005年	2010年	2012年	2013年
按国别（地区）分				
日本	27812	35075	39091	37671
韩国	14047	21073	20456	20578
新加坡	5547	7545	6935	6717
德国	4591	8023	8680	8948
英国	2904	5591	6196	6457
加拿大	4279	7306	7669	7832
美国	14329	24358	26000	26279
澳大利亚	3729	6165	6545	6917
法国	4181	8238	9472	9828
按人员类别分				
留学人员及家属	10224	16064	14467	6067
驻华机构代表及家属	9769	8933	6174	4285

续表

类别	2005年	2010年	2012年	2013年
外资企业工作人员及家属	60137	95623	95303	89468
外国专家级家属	4586	6638	7528	7580
永久居留外国人		948	1587	1886
半年以上长期签证外国人		2230	54	20

资料来源：《上海统计年鉴（2014）》。

1986年，经上海市政府批准，长宁区率先在古北兴建了一批欧式风格的高级住宅，吸引了大批来沪工作的境外人士。这里曾居住来自美国、日本、韩国、法国等34个国家和地区的4000余户居民，此外还有大约4000多名台胞聚居。随着境外人士的集聚，餐厅、娱乐、购物、SPA、健身、酒吧、主题式商业设施逐渐完善，形成了闻名上海的古北国际小区。较早形成的古北小区，以亚裔人士和小型外资企业老板为多，小区氛围具有亚裔文化特征。

进入20世纪90年代，随着浦东的开发开放，大量外来投资、国际资本和跨国公司相继涌入。来自境外的居民数量迅速增加，在上海形成又一个国际小区聚集区。这些国际小区主要分布在黄浦江边、世纪公园周边、世纪大道两边，以及陆家嘴金融区、金桥出口加工区、张江高科技园区、外高桥保税区。其中欧美人士的比例相对较高，职业特征也以在跨国公司供职的高层雇员为主，文化上带有欧美文化的特征。

由于人口构成以及文化的差异，上海的国际小区与本市其他小区具有明显的差异。[30] 这些差异主要集中在下述几个方面。

首先，居民流动性较大。国际小区以租户居多，很多居民因为职业流动经常搬家，所以他们在小区内居住的时间长短不一。此外，有的境外人士虽然购买了国际小区的住宅，但由于自己不常住或有更佳选择，往往将房屋转租他人。

其次，小区配套设施和物业服务比较到位。国际小区的房产档次和价位普遍较高，具备完善的配套设施，如室内游泳池、室内健身房、网球场、幼儿游乐场、酒吧、超市、饭店以及相配套的国际学校等。对业主多元化的需求，物

30. 李友梅《上海社会结构变迁十五年》，上海大学出版社，2008年，89页。

业公司基本上做到有求必应。

第三，居民对安全、隐私有较高的需求。国际小区的居民来自不同的国家和地区，虽然文化背景呈现多元化和差异性，但对小区环境的价值取向基本一致：希望拥有安全、尊重隐私、独立、环保、和谐、舒适的小区环境。他们最看重的，一是安全，二是对个人隐私和不同文化习俗的理解和尊重。

第四，与当地政府的关系相对疏远。国际小区自成一体、相对封闭，拥有独立而完备的文化、娱乐、休闲、体育和生活设施，物业管理和小区服务非常周到，门禁系统相当完善，进出管理非常严格，与地方政府的关系远不如一般小区那样紧密。

第五，人口规模比一般小区小。由于对小区的绿化率、生态环境、配套设施、居住空间等有较高的标准和要求，国际小区的人口密集度一般较低，相当一部分国际小区的居民在 200 户左右，有的仅有几十户。

国际社区居民权利意识强，强调法治、隐私、自主以及对社区服务需求具有质量高、多元化的特点，对地方政府管理带来很大挑战。就此，传统的居委会工作方式须进行适应性调整，在城市层面政府也应努力营造更加开放和多元的社会氛围。

未来 30 年，上海将建成卓越的全球城市，更加迫切需要构建符合全球城市特点的治理体系和治理模式。一是公共事务范围和领域拓展，已经拓展到国际领域；二是治理主体和层次上升，未来越来越多的跨国公司将在上海设立总部和分支机构，落户上海的国际组织、境外非政府组织也将逐渐增多，上海城市治理的主体更加复杂，各类主体参与公共事务治理的愿望日益强烈，要求城市治理的容纳性进一步提高；三是境外人士和外来人口占上海人口比重将进一步提高；四是在通讯技术日趋发达的今天，城市事务的影响范围和波及程度扩大，要求城市治理更加注重法制和透明度、更加注重效率，增加城市治理的弹性和包容性。[31]

利用全球化机遇，聚集国际要素，融入世界体系。要学会用世界的眼光来观察问题，用世界的语言来与国际社会对话，克服文化的差异来破解难题，以

31. 肖林《未来三十年上海迈向全球城市的治理体系创新》，《科学发展》2015 年 9 期。

国际贸易通用的规则来修正我们的经济行为。[32] 但如果政策和策略制定运用不当，造成对外部经济环境的过分依赖，就会陷于发展上的被动困境，失去经济发展的自主动力和自主权。在全球化面前，一些国际大都市政府本身的重要性受到挑战，城市增长和演变的主宰权逐年被国际资本所左右。[33]

在我国，城市政府作为最大的地主、国有企业的老板和地方财力的掌门，在资源分配、经济利益的再分配和市场机制的掌控方面具有独特的权力，因而形成强大的经济、政治的动员力，能够强有力地推动引进外资、资金融通、开发开放、城市建设等方面工作。[34] 地方政府通过整体的全球化政策，过滤全球化对本地产生的负面影响，来维护和促进城市的可持续发展。

“每当企业遇到重大困难的时候，总能得到来自各级政府的热情关心和支持——尤其在经济环境出现突发性波动、市场有效需求受到抑制的情况下，政府通过某种行政措施干预和公共服务倾斜，不仅不会破坏市场机制，反而能够控制市场紊乱，防治经济萎缩。当这种政府行为融入我们的制度优势和共产党人的一贯宗旨时，其独特的成效常常事半功倍。”[35]

32. 赵启正《浦东逻辑：浦东开发与经济全球化》，上海三联书店，2007 年，17 页。
33. 黄丽《国外大都市区治理模式》，东南大学出版社，2003 年，125 页。
34. 周振华《崛起中的全球城市》，格致出版社，2017 年，308 页。
35. 康燕《解读上海》，上海人民出版社，2001 年，87 页。

第 3 章

社会的重建

上海的改革开放是在中央强力支持、地方政府强力推动下进行的，属于强政府干预发展模式。随着城市经济发展，利益群体分化，都市中产阶级成长，市民素质提高和主体意识增强，此种模式面临着转型压力。迫切需要建立一种政府和社会的合作机制，能够对地方公众和社会需求做出回应，照顾本地居民的利益，发挥他们的作用，从而构建一个全体市民的城市，并在新的基础上建立起都市身份认同和社会凝聚力。

近代上海地方社会

社会团体

上海在开埠前就是一个繁忙的贸易港口，旅沪商帮已经建立起同乡组织。据统计，在上海开埠前大约 200 年左右的漫长时间里，先后建立的同乡、同业团体共 30 个。[1] 开埠后到清末的 70 年中，因各地移民源源不断涌入，各种同乡组织也纷纷建立起来。据商务印书馆出版的《上海指南》（1909）记载，以会馆、公所形式出现的同乡组织达 60 余个。[2] 这时的会馆、公所，既是同乡组织，往往也是行业组织。

清末的上海，经济发展日新月异，老行业衰落，新行业崛起，乡帮把持、垄断某一行业已不可能，同乡组织也无法再以行业为结聚核心，会馆、公所逐渐被各业公会和同乡会取代。[3] 近代资本主义性质的新型工商团体出现，其中有些是从原来的会馆、公所脱胎而来（表 3.1）。

1. 张仲礼《近代上海城市研究（1840—1949）》，上海人民出版社，2014 年，374 页。
2. 熊月之、周武《上海：一座现代化都市的编年史》，上海书店出版社，2007 年，308 页。
3. 同上，310 页。

表 3.1 1926 年上海总商会“合帮会员”构成

	同乡团体（A）			同业团体（B）			（A）+（B）				
	旅沪同乡会	同乡会馆（公所）	合计	同业公会、联合会	同业公所（会馆）	合计	新型同乡同业团体	传统同乡同业团体	合计		
									数	新旧团体占比	
										新	旧
团体数	2	7	9	28	39	67	30	46	76	39.5%	60.5%
入会代表数	2	15	17	49	53	102	51	68	119	42.9%	57.1%

资料来源：张仲礼《近代上海城市研究（1840—1949）》，上海人民出版社，2014 年，387 页。

民国政府建立后，颁布《工商同业工会法》，上海工商同业团体统一改组成公会。据统计，迄 1936 年底止，上海工商各业同业公会总数达到 236 个，其中工业同业公会 40 个，商业（含银行保险业、航运业在内）同业公会 196 个。抗战胜利后，恢复和新建的同业公会数进一步增加，1947 年间上海共有工商同业公会 297 个，其中工业同业公会 66 个，商业同业公会 231 个，呈现出林林总总的繁盛局面。[4]

其他各种社会团体亦纷纷建立。以社福团体为例，据不完全统计，新中国建立前上海有 400 多家社会福利团体，其中在当局登记的公益慈善团体达 113 家，包括医院、救济院、孤儿院、育婴堂、贫民教养院、聋哑学校、殓埋施财团体等。另外，还有众多的文化艺术科技类社会团体。

近代上海各种社会中间组织，特别是商会、同业公会以及不同类型的专业协会、联合会、研究会，在城市中承担起某些重要的公共职能，成为近代上海社会重要的整合力量。[5] 或者说，在政权控制不太严密的年代，上海这座城市在很大程度上是以社团网络为主轴而存在的。

4. 张仲礼《近代上海城市研究（1840—1949）》，上海人民出版社，2014 年，397 页。
5. 忻平《从上海发现历史：现代化进程中的上海人及其社会生活》，上海大学出版社，2009 年，105 页。

公共领域

按照哈贝马斯（Jürgen Habermas）的理论，公共领域是指18世纪资产阶级社会中出现的俱乐部、咖啡馆、沙龙、杂志和报纸，是一个公众讨论公共问题、自由交往的领域，它形成了政治权威重要的合法性基础。

一市三治的特殊政治格局，经济力量雄厚的地方精英以及最大的中国中产阶级群体的形成，西方文化的广泛传播，使上海成为近代中国公共领域的中心。层出不穷的报纸、学堂、学会，形成了公共交往和公众舆论的基本空间。上海曾拥有全国多项之最：数量最多的中外报刊，发行量最大的中文报纸《申报》《新闻报》，历史最悠久的西书出版机构广学会和江南制造局翻译馆，规模和影响最大的中文出版社商务印书馆，全国数量最多、办学最成功的新型学校广方言馆、格致书院等。还有邮政、电报、电话、现代印刷技术、公共图书馆、戏院、电影院、公共园林等，在全国也处于遥遥领先的水平。[6]

这座中国最现代化的城市修建的众多广场、街道、戏院、公园、图书馆、运动场，为公共领域的发展提供了充分的空间。例如，1882年无锡寓沪富商张叔和自和记洋行购得位于今南京西路泰兴路一带的花园住宅，将其辟为私家园林，取名为“张氏味莼园”，简称张园。1882—1894年，园区进一步扩大，成为当时上海私家园林之首。1885年张园对外开放，逐步发展为晚清上海最大的公共活动场所，以各界人士在此集会、演说为特色（表3.2）。[7]

表3.2 清末民国初年张园重要集会表

时间	人物或机构	内容
1897.12.6	中外妇女122人	讨论设立上海女学问题，经元善等发起
1898.1.3	戒烟公会	聚议选举董事
1898.7.16	经元善等20余人	浙江寓沪人士讨论捐款修筑海宁土备堂事
1900.7.26	唐才常等80余人	组织中国国会，反对清朝
1901.3.8	绍兴同乡会	组织绍兴教育会，蔡元培等演说

6. 许纪霖《近代中国的公共领域：形态、功能与自我理解——以上海为例》，《史林》2003年2期，81页。
7. 熊月之《张园：晚清上海一个公共空间研究》，《档案与史学》1996年6期，35页。

续表

时间	人物或机构	内容
1901.3.15	汪康年等 200 余人	力拒俄约，以保危局，蒋智由等参加
1901.3.24	吴趼人等 1000 余人	第二次拒俄集会，汪康年等演说
1902.8.13	中国教育会 100 余人	欢迎吴稚晖等人从日本回国，爱国集会
1902.8.22	中国教育会	讨论派代表赴日本交涉留学生事宜
1902.11.21	中国教育会	讨论接纳因学潮而退学的南洋公学学生
1903.3.8	蔡元培等绍兴人	讨论设立绍兴教育会事宜，杜亚泉等与会
1903.3.15	蔡元培、马君武等	抗议日本博览会歧视华人，中国教育会组织
1903.4.16	爱国志士与学生	抗议广西巡抚王之春出卖广西权利
1903.4.25	寓沪绅商三四百人	拒法集会，蔡元培、马君武、邹容等演说
1903.4.27	十八省寓沪绅商	1000 余人集会反对沙俄强占东三省
1903.4.30	四民总会 1000 余人	集会拒俄，谴责清廷卖国
1903.5.24	中国教育会 100 余人	讨论修改教育会章程
1905.3.8	震旦公学退学生	140 余人因反对学校当局退学，合影留念
1906.7.30	李平书等人	发起组织上海医务总会
1906.9.16	《申报》《时报》	多家报社联合发起，庆祝清廷预备立宪
1907.3.31	地方自治研究会	1000 余人举行周年纪念会，雷奋等演说
1907.6.22	地方官府与绅商	庆祝禁止鸦片，盛宣怀、吕海寰等参加
1907.11.9	江苏铁路协会	2000 余人，争江浙路权，马相伯等挥泪演说
1907.11.11	江苏铁路协会	2200 余人，争江浙路权第二次会议
1909.11.5	金石书画会等 34 人	书画赛会，郑孝胥、王一亭、李平书等
1909.12.2	霍元甲等	武术比赛，霍元甲摆擂台
1910.4.16	霍元甲等	武术比赛，霍元甲打败赵东海
1910.7. 中	美国幻术家尼古拉	幻术公演，观众人山人海
1910.8.19	吴趼人等	追悼姚伯欣，姚曾主持《新闻报》笔政
1910.8.13	《中外日报》纪念会	纪念创刊 12 周年
1910.8.16	柳亚子等 19 人	南社成员集会
1911.3.11	沈缦云等近千人	中国保界分会第一次会议，演说保矿、保路
1911.5.7	上海日报公会等	2000 余人，欢迎东京国民会代表
1911.6.11	沈缦云、马相伯等	凡 5000 人，国民总会成立大会，同盟会员很多
1911.12.2	李平书、黄兴等	1000 余人，沪军都督府筹饷大会
1911.12.3	姚文栋等	共和建设会成立大会
1911.12.4	章驾时等千余人	北伐联合会成立大会
1912.2.3	李怀霜等千余人	中华民国自由党成立大会
1912.4.17	孙中山等	中华实业联合会欢迎孙中山大会
1912.5.9	张謇、章太炎等	1000 余人，共和党成立大会
1912.6.23	黄兴等	上海各界集会欢迎孙中山、黄兴等
1913.4.13	陈其美等三万人	国民党追悼宋教仁大会
1913.4.27	陈其美等二千余人	黄花冈烈士纪念会

资料来源：熊月之《张园：晚清上海一个公共空间研究》，《档案与史学》1996 年 6 期，42 页。

总体性社会（1949—1978）

总体性社会是指国家与社会合为一体、资源和权力高度集中的社会。它是建立在计划经济体制和无所不能、无所不在的强有力的国家政权基础之上的。

计划经济与单位体制

新中国成立之初，私营资本主义工商业在上海社会经济中占有很大比重。1949 年上海工业总产值中，私营工业产值占 83.1%。1950 年上海商业总营业额中，私营部分占批发总额的 65.5%，占零售总额的 91.6%。因此，上海当时实行了直接计划、间接计划和自由生产并存的经济管理体制。即对国营企业和由接管官僚资本股份而转为公私合营的合营企业实行直接计划，按隶属关系由中央和大行政区主管部门集中管理，生产统一安排，物资统购统销，财政统收统支。私营工商业则在地方主管部门的管理下，通过加工、订货、收购、包销等形式，被间接地纳入国家计划的轨道。对无法编制计划的小型企业及其产品，则让它们自由地生产和流通，由市场来调节。[8]

1953 年，党中央提出："从中华人民共和国成立到社会主义改造基本完成，这是一个过渡时期，党在过渡时期的总路线和总任务，是在一个相当长的时期内，逐步实现国家的社会主义工业化，并逐步实现国家对农业、手工业和资本主义工商业的社会主义改造。"按照总路线的要求，全面开展了对农业、手工业和资本主义的工商业改造。其中资本主义工商业的社会主义改造是三大改造重点。从个别企业公司合营、再到全行业公私合营，到 1956 年底，资本主义工商业的社会主义改造工作基本完成，建立起中央集中统一的计划经济体制。

与计划经济体制相适应的是以单位本位为主要特征的社会管理模式。"单位制"具有如下特征：第一，单位有一定的行政级别，掌握着不同的资源；第

8. 周振华等《上海：城市嬗变及展望》（上），格致出版社，2010 年，46 页。

二，单位有一套职工福利保障制度，如工资、福利、医疗、住房、保险等，几乎囊括生老病死全部内容；第三，单位对职工具有很强的控制权，形成一种事实上的人身依附关系。

社团改造与人民团体

在接管上海后，为控制上海城市社会，新成立的人民政府对旧的社团根据不同情况采取了不同的处理对策。一方面宣布取缔和解散一些社团组织；另一方面着手接管和建立新的社团组织，作为组织和动员群众的重要手段。

1952 年以前，政府虽然认为民间慈善团体的理念、运营模式与新的社会主义体制并不完全兼容，必须实行改造，但仍允许活动。因为当时战乱对城市造成的伤害依然历历在目，一些传统社团在稳定社会、救助难民方面做了积极工作。[9]1952 年前后，民政局着手整理慈善团体。这项工作进行了两年，到 1954 年末，民间慈善团体的事业全部移交给了国家。大多数旧团体结束了活动，少数遭到取缔，另有一些团体经过整合之后，仍从事残老、医疗、殡葬等业务，但是性质已根本改变。民间慈善团体拥有的土地、楼房、企业等由国家接收，原有工作人员除少数退职外，均给予了安置。[10]

1956 年初，上海有 590 家社团，其中 287 家是由当局发起组织的人民团体，303 家是由市民自发组织，包括若干建国后成立的社团。8 月，市人民委员会批准了民政局关于社团问题的报告，随即对社团进行处理。除 287 家人民团体完成登记手续外，279 家社团或划归相关单位进行改造，或结束活动，24 家没有合适单位的社团由民政局负责处理。此后，上海的社团活动沉寂了 20 余年。[11]

在进行社团改造的同时，建立起工青妇等人民团体。一般认为，人民团体是指具有一定政治任务、会员数量巨大、在社会上具有广泛代表性并具有垄断

9. 熊月之、周武《上海：一座现代化都市的编年史》，上海书店出版社，2007 年，512 页。
10. 同上。
11. 同上，513 页。

地位的特定团体。它们免于在民政部门注册登记而具有法律地位，由国家拨付行政事业费用，组织序列上仍属于各级党政机关。人民团体是国家政治体制的组成部分，被赋予特殊的政治地位，在中国社会生活和政治生活中扮演着重要角色。

废除保甲制，建立街居制

国民政府掌管的城市基层组织为保甲制，其主要任务为管理户口、抽壮丁、摊派捐款活动。据统计，1949 年时上海全市共划有 30 个行政区，其中市区 20 个、郊区 10 个，区以下共设 293 个保、28553 个甲。中国共产党接管上海后，废除了保甲制度。1951 年，在冬防办事处基础上，设置区人民政府办事处（也称街道办事处）。另外，市政府与市政治协商委员会召开全市街道里弄代表会议，决定按照居住区域建立一种新的基层群众性的自治组织——居民委员会[12]，把散居在地区、里弄中的无组织居民群众组织起来，依靠团结的力量，解决人民生活中的治安、卫生等问题。1958 年起，居民委员会不仅组织社会闲散人员、民政救济和社会优抚对象等参加里弄生产，还开办了里弄食堂、托儿所、扫盲班等，发展成为功能齐全的小社会。

12. 同上，511 页。

社会的重建（1978 至今）

随着改革开放、市场经济的发展，一个具有相对自主性的社会在中国开始形成。上海从发展社区、培育社会组织、扩大基层民主和社会参与入手，强化政府与社会的有效衔接和良性互动，同时通过整合和共享资源，解决城市社会问题。

社区建设

社区服务是社区最基本、最重要的功能。从广义来说，社区服务始于 20 世纪 50 年代新中国成立初期，如当时许多里弄建立的托儿站、缝纫组、洗衣组等。这些服务时断时续地发展着。因而从一定意义上说，社区服务并不是改革开放的产物。只不过在改革开放以后，为了解决现实问题，以新的概念获得了政府及全社会的青睐。[13]

20 世纪 80 年代初期，上海一些街道建立了孤老服务站、精神病工疗站、伤残儿童寄托所等组织。80 年代中后期以后，出现“社区服务队”“群众生活服务社”等新型社区组织，承担单位转制后留给社区的大量事务。1986 年，民政部提出开展社区服务，上海着手组建市、区、街道、居委会四个层次一条龙的社区福利服务网络。

自 1992 年起，社区服务连续多年被列入上海市政府实事项目，使上海社区服务获得前所未有的发展机遇。第一，服务对象方面，从原来的特殊困难人员扩展到全社区的居民和单位；第二，服务项目方面，由原先零星单项的服务，转变为系列化、网络化服务；第三，资金来源方面，由原先单一的国家行政性拨款，转变为国家、街道事业单位、社区内其他社会组织以及社会基金等多渠

13. 郭圣莉、刘晓亮《转型社会的制度变革：上海城市管理与社区治理体制构建》，华东理工大学出版社，2013 年，108 页。

道筹措；第四，组织形式方面，在街道成立专职部门和协调机构，实行专业工作者和志愿者共同协作的活动方式。[14]

1989 年，在当时的卢湾区打浦桥街道成立了全市第一个社区服务中心。1996 年 2 月，罗山市民会馆开放运营，开创了非政府组织与政府合作、政府购买公共服务的范例——罗山市民会馆是上海 YMCA 这个具有悠久历史的社会服务机构接受浦东政府委托，利用国有资产建立的新型社区服务中心。1997 年，上海市社区服务中心正式成立。1999 年，在全市范围内建设由一个市级中心、16 个区级中心、100 多个街道中心为节点的社区服务热线网络。2000 年，街道普遍建立了社区服务中心，基本形成了市级服务中心—区级服务中心—街道社区服务中心网络。社区服务内容日益丰富，在改善居民生活、扩大就业机会、建立社会保障社会化服务体系方面发挥了很大作用。

2006 年起，上海推进社区事务受理服务中心、社区卫生服务中心、社区文化中心建设，以解决基层公共服务问题。2007 年发布《关于完善社区服务促进社区建设实施意见》，在社区服务、社区管理和民主参与三个方面提出了明确要求，体现了服务、管理和参与三者的统一。

1995 年上海率先在全国开展社区建设，重点是推动“三级管理和四级网络”，优化基层政权组织的社会管理和服务功能。1996 年《中共上海市委、上海市人民政府关于加强街道、居委会建设和社区管理的政策意见》中，提出五个方面的政策措施，即理顺条块管理体制、建立综合执法队伍、调整人员编制、完善财力机制和保障居委会办公用房及公建设施配套。

2005 年，上海市政府下发《扩大社区建设试点工作指导要求》，街道办事处被要求从经济为中心转向社区建设。为此，在街道考核标准上逐步降低招商引资及经济指标方面的权重，使街道办事处“从直接承担经济创收事务转向社区管理和服务”。

以街道为主动员全社会参与。为了实现社区资源的整合统筹，上海在街道层面建立了各种各样的社区联席会议机制。2006 年市民政局发布了《上海市社区代表会议实施办法》《上海市社区委员会章程》。2007 年上海市政府出

14. 徐中振《社区发展与现代文明》，上海远东出版社，1996 年，6 页。

台《关于完善社区服务促进社区建设的实施意见》，提出建立社区委员会作为社区共治平台。社区代表会议是在社区党工委领导下，由社区内各方代表参加，对社区社会性、公益性、群众性的重大事项进行协商共治的会议制度。社区委员会是社区代表会议闭会期间的常设机构，对社会性、公益性、群众性的社区事务履行议事、协商、评议、监督职能。社区委员会还设置若干专业委员会。2011 年上海市社区工作会议首次明确，社区治理结构由社区街道层面开展共治与社区居委会层面开展自治相结合。

在街道、乡镇层面探索设立社区发展基金会。2015 年，上海鼓励全市各街道或镇成立社区基金会，聚集社区资源，发展社区服务，促进社区参与（表 3.3）。

表 3.3 上海社区基金会一览

序号	名称	组织宗旨和使命	成立日期
1	上海美丽心灵社区公益基金会	为弱势人群的心理援助和研究提供资助，资助社区开展有益身心健康的公益活动，为志愿者专业培训以及成长提供资助，为公益事业从业人员和志愿者提供心理关怀服务	2012 年 9 月 29 日
2	上海洋泾社区公益基金会	开展慈善救助，资助社区公益项目，资助公益人才的培育和公益组织的发展，资助其他社区公益活动	2013 年 8 月 9 日
3	上海杨浦区江浦社区基金会	开展慈善救助，资助社区公益项目和公益活动，资助公益人才的培育和公益组织的发展	2015 年 3 月 7 日
4	上海盈浦社区基金会	资助慈善、帮困、助老、助残等社区公益项目及社区公益人才和公益性社区组织培育发展，改善社区公共设施，资助社区其他公益活动	2015 年 6 月 3 日
5	上海浦东新区凝心聚力社区发展公益基金会	培育社区公益自治项目，组织、兴办和支持有利于社区创新发展、公众参与的活动和事业	2015 年 7 月 24 日
6	上海心手相牵社区公益基金会	资助社区弱势人群，资助社区公益项目；资助公益组织发展和公益人才培养，资助社区公共服务设施改善	2015 年 8 月 13 日
7	上海桃浦镇社区基金会	资助社区困难群体、社区公益服务、社区自治和共治项目，奖励社区优秀学生和教师，资助和开展其他社区公益事业	2015 年 8 月 13 日
8	上海陆家嘴社区公益基金会	资助公益项目，培育公益组织，开展慈善救助，传播公益文化等有助于社区公益事业发展的活动及业务	2015 年 9 月 15 日

续表

序号	名称	组织宗旨和使命	成立日期
9	上海真如社区基金会	资助社区困难群体及社区公益服务、居民自治和共治项目，奖励社区优秀学生和教师，资助和开展其他社区公益事业	2015 年 9 月 24 日
10	上海宜川路街道社区基金会	资助社区困难群体及社区公益服务、居民自治和共治项目，奖励社区优秀学生和教师，资助和开展其他社区公益项目	2015 年 11 月 6 日
11	上海长寿社区基金会	资助居民自治和社区共治项目，资助各类社区公益事项和活动等	2015 年 11 月 27 日
12	上海曹杨社区基金会	资助社区特殊困难群体及社区公益服务、社区自治和共治项目，扶持社会组织及群众团队，资助和开展其他社区公益事业等	2015 年 11 月 27 日
13	上海万里社区基金会	开展慈善救助、扶贫帮困、帮教助学等公益活动；资助社区公益项目及社区公益活动，资助公益人才的培育和公益组织的发展	2015 年 11 月 27 日
14	上海石泉社区基金会	资助社区困难群体，资助居民自治和社区共治项目，奖励社区优秀学生和教师，资助和开展其他社区公益项目	2015 年 11 月 27 日

资料来源：杨雄、周海旺《上海社会发展报告（2016）》，社会科学文献出版社，2016 年，228—229 页。

在居委会层面上突出自治能力建设，成立矛盾协调会、听证会和政务评议会，推动居民实现自我管理、自我教育、自我服务，切实推进基层民主建设。协调会主要由居委会主任、居委会人民调解委员会主任及有关小区工作人员组成，对涉及小区成员间公益性、社会性事务以及一般矛盾、利益冲突协商解决。必要时居民区党组织负责人、小区民警、街道办事处司法机构人员也可参加。听证会是指政府有关部门或居委会在小区实施项目或涉及居民切身利益重大事项时，由居委会组织部分小区成员代表召开会议，广泛讨论，并提出具体意见。评议会是指居委会组织小区成员代表对相关政府部门派驻机构以及物业、居民事务工作站工作进行考核评议。

1999 年，上海浦东新区开展居委会直接选举试点。同年，上海市人大决定，从 2000 年开始在全市范围内逐步展开居委会直接选举。2012 年，上海市居委会直接选举比例已经上升到 97%。

在基层实践基础上，上海总结提炼出了“以响应居民需求为目标、以社区为服务平台，以社会组织为服务载体，以社会工作为服务手段”的三社联动机制。2002 年中共上海市委出台了《关于进一步推进本市民间组织参与社区建设和管理的意见》，提出“将民间组织作为社区建设的重要组织载体”，加快“社团进社区”的步伐。2007 年，市政府出台了《关于完善社区服务促进社区建设的实施意见》，提出“培育发展民间社区公益性组织”。2009 年，市政府出台了《关于鼓励本市公益性社会组织参与社区民生服务的指导意见》，明确给予社区公益性社会组织包括房租补贴、公用事业收费优惠等 13 类扶持措施，鼓励社会优秀人才和合格的社会工作者投身公益性社会组织，鼓励公益性社会组织从业人员参加社会工作职业资质考试。

1988 年，上海进行创建文明小区试点。1989 年上海开展创建文明社区活动，以曹杨新村街道和武定路街道作为试点。在 1991 年召开的上海市精神文明建设活动工作会议上，提出“积极推进创建文明社区活动，加快文明城市建设步伐”。同年中共上海市委进一步明确提出“积极创建社会安定、环境优美、生活方便、文化体育生活健康丰富的文明社区”，并列入上海市政府为民办实事项目。上海还把社区建设和管理与精神文明建设结合起来，颁布了《关于上海市文明社区创建管理的暂行规定》，建立社区精神文明共建委员会，培养社区居民对公共利益、公益事业的认同和参与，形成新型社区人际关系。1997 年制定并发布了《关于上海市文明社区创建管理的规定》。

为了保证社区建设的顺利进行，充分发挥党组织在社区建设中的特殊作用，中共上海市委在 1997 年《关于加强和改进社区党的建设工作的若干意见》中提出：“社区党建工作是以街道党工委和居民区党支部为主体的，由街道辖区内各机关、企业、事业单位基层组织共同参与的区域性党建工作。”1999 年《关于进一步推进社区党的建设工作的意见（试行）》，首次提出要扩大党的工作覆盖面，切实提高党领导社区工作的能力。2004 年，上海市委通过《中共上海市委关于加强社区党建和社区工作的意见》，2005 年下发《关于进一步加强区域性大党建工作的若干意见》，提高党领导社会的能力，做实党的执政基础。

社会组织

1978 年改革开放以后，上海民间组织曾出现一波结社高潮。1981 年上海各类社团仅有 633 个，至 1989 年底，全市社会团体总数已发展到 4300 个，其中学术性团体 1348 个、人民群众团体 831 个、经济类团体 317 个、社会公益团体 380 个、文艺团体 313 个、体育类团体 477 个、宗教类团体 50 个、其他团体 584 个，年均增长率高达 72.41%。[15]

1989 年国务院颁布《社会团体登记管理条例》，明确实行登记机关与业务主管单位双重管理体制。1998 年又颁布了经过修改的新的《社会团体登记管理条例》，进一步完善了双重管理体制。此间还提出要对原有社团进行清理整顿和核准登记。20 世纪 90 年代，上海按照"总量控制、结构调整、完善政策、依法管理、有序发展"的方针，严格控制社会组织发展，从而使得社会组织数量呈现出负增长态势。截至 2001 年底，上海全市共有民间组织 3878 个，比 1989 年减少了 400 多个。

进入 21 世纪后，经济体制改革和对外开放的进一步深入、政府职能转变以及社会结构的日益多元、人口老龄化和人民对社会服务需求的提高，为社会组织发展提供了广阔的发展空间。上海民间组织发展迅速。截至 2007 年底，全市注册登记的民间组织已达 8366 个，其中社会团体 3234 个、民办非企业单位 5049 个、基金会 83 个（图 3.1）。

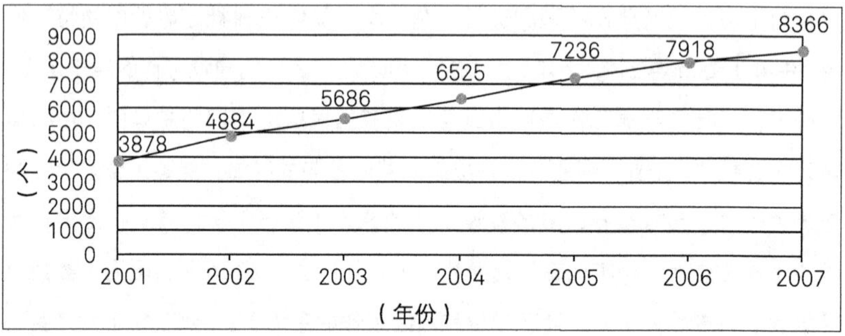

图 3.1 上海民间组织发展趋势

资料来源：陆晓文《上海社会发展与变迁：实践与经验》，上海社会科学出版社，2008 年，121 页。

15. 陆晓文《上海社会发展与变迁：实践与经验》，上海社会科学出版社，2008 年，119 页。

2005年以来，上海积极探索建立“以政社分开为前提，以政府职能转变为基础，以政府购买服务为纽带”的新型政社合作关系。2006年通过的《上海“十一五”规划纲要》提出“推进社会组织健康发展”。2007年上海市党代会首提“重视发挥社会组织在参与社会管理中的重要作用，善于运用社会资源改进社会管理”。2009年研究制定《关于进一步加强本市社会组织建设的指导意见》《关于鼓励本市公益性社会组织参与社区民生服务的指导意见》，重点推进了以下四项工作。

第一，明确分类指导的工作策略。对六类社会组织区别对待，重点鼓励发展有利于改善民生、提高公共服务水平的社会组织。

第二，提出了扶持社会公益组织发展的政策：政府部门切实转变职能，将事务性、服务性工作和部分社会管理工作委托社会组织来承担，同时探索政府购买社会组织服务的机制。2009年起，市民政局拿出部分福利彩票公益金采用“改拨为招”的方法，通过公益创投和公益招投标，鼓励社会组织去响应社区需求，创新服务模式，培育服务品牌。初步形成了从公益创投到公益招投标，再到政府购买社会组织服务的公益项目培育机制。2012年，市财政局研究制定了政府购买公共服务项目预算管理暂行办法和政府购买公共服务项目目录，政府购买社会组织服务在各级政府部门普遍推开。2015年，市政府出台了《关于进一步建立健全本市政府购买服务制度的实施意见》，提出“政府购买服务所需资金应列入财政预算，从既有财政预算中统筹考虑和安排”。

第三，探索枢纽型社会组织管理模式。作为首批试点单位，早在2006年8月普陀区委下发了《民间组织枢纽式管理试点工作的意见》，依托区和街道（镇）两级民间组织服务中心建立管理枢纽，按照分散组织由所在的街道（社区）、镇进行属地管理，特殊组织由区民间组织服务中心进行统一管理的原则，300家社会组织（主要是民办非企业单位）由街道（镇）民间组织服务中心进行归口管理。2007年静安区成立了静安区社会组织联合会，之后又相继成立了5个社区（街道）和劳动、文化、教育（系统）社会组织联合会，形成“1+5+X”枢纽模式，把同性质、同类别、同领域的社会组织联合起来，实行枢纽式管理。“枢纽式管理”就是在政府管理部门和社会组织之间设立一个组织载体，使其成为“加强党建工作的支撑、完善双重管理的依托、凝聚团体会员的载体和实现合作共治的平台”。

第四，建立公益组织孵化基地。社会组织孵化器是指在一个集中时空内，由专业团队为初创期的社会组织提供一系列的支持，帮助其尽快发展和成长。一是硬件支持，提供免费或低偿的办公场地、会议场所、办公设备、展示空间；二是资金支持，为初创期草根组织提供行政经费资助、项目资助和贷款；三是能力提升，举办培训活动，邀请资深专家进行有针对的辅导，机构间经验分享和沟通交流等。社会组织孵化器通常采取政府主办—民间运营模式。一般是政府提供场地和资金，民间提供孵化培育的专业人员和服务。

2010 年，上海市委市政府出台《关于进一步加强本市社会建设的若干意见》，把“构建社会组织发展体系”列为社会建设的总体目标任务之一。2011 年，市委、市政府印发《关于进一步加强本市社会组织建设的指导意见》，鲜明提出“尊重社会组织主体地位”，推动加大政府职能转变力度，建立政府购买服务机制。2012 年，上海市党代会又提出“培育发展社会组织，理顺管理体制，加强分类指导，鼓励支持各类社会组织参与社会管理”。2013 年，市政府出台了《上海市社会组织直接登记管理若干规定》，对公益慈善类、城乡小区服务类等四类社会组织实施直接登记管理。

上海社会组织已遍布城乡，涉及国民经济各个行业、社会生活各个领域，初步形成门类齐全、层次不同、覆盖广泛、功能较强的社会组织体系。大量社会组织在整合社会资源、提供公益服务、增进社会福利，协调社会关系、化解社会矛盾、维护社会稳定，疏通民众利益表达管道、参与公共事务和社会管理等方面发挥了独特的作用（图 3.2）。

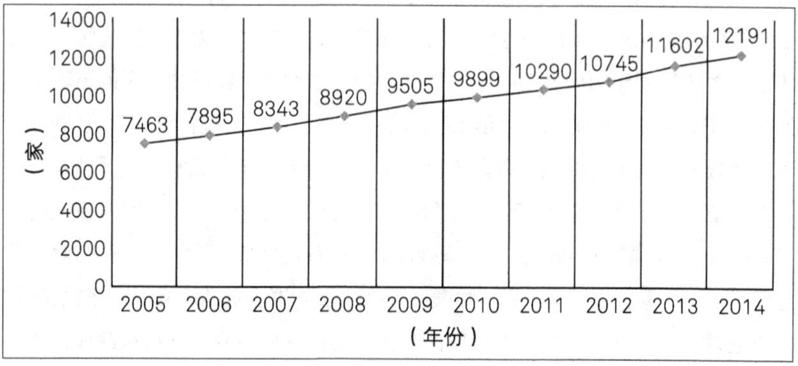

图 3.2 2005—2014 年上海社会组织的数量变化情况

资料来源：杨雄、周海旺《上海社会发展报告（2015）》，社会科学文献出版社，2015 年，107 页。

社会工作

上海是中国社会工作专业化、职业化最早的城市之一，浦东则是上海社会工作最早实践的地区。1997 年，浦东新区在全国率先招录了中国内地高校的第一批社会工作专业毕业生，并先后在医院、学校和小区设置了社会工作岗位。1999 年 12 月，浦东新区社会工作者协会成立。2003 年 4 月，浦东新区民政局又印发了《关于在浦东新区社会事业系统推进社会工作职业化、专业化的试行意见》，对在教育、卫生、民政等系统设立社会工作机构或岗位、推进社会工作职业化专业化等方面作了明确规定。

从 2000 年开始，上海市民政局作为主管社会福利的政府职能部门，开展了社会工作实践调研。2000 年 5 月，上海市社会工作培训中心成立，并且以提升理念和普及知识为重点，在小区建设、社会福利、社会救助和民间组织等领域开展第一轮的社会工作岗位知识培训。2002 年 11 月成立了“推进上海社会工作职业化专业化工作小组”，随后拟定了《上海市社会工作者职业资格认证暂行办法》，于 2003 年 6 月 1 日正式实施。该暂行办法规定：“具有高中（中专）、大学专科、大学本科毕业学历和取得硕士学位、博士学位，并在社会工作相关岗位从业满一定年限的本市居民，可分别报名参加社会工作师助理和社会工作师的资格考试。经资格考试合格的人员，由市人事局和市民政局颁发《上海市社会工作师资格证书》或《上海市社会工作师助理资格证书》。”暂行办法明确将社会工作人才纳入上海专业技术人才的管理范畴，确定了社会工作人才的专业的地位，标志着社会工作职业化、专业化制度正式在上海的建立。

在《上海市社会工作者职业资格认证暂行办法》的基础上，2003 年 7 月 8 日，上海市民政局又针对社会工作者的注册和管理，印发了《上海市社会工作师（助理）注册管理试行办法》，并于 2004 年正式实施。注册办法对于监督社会工作者遵守工作规范和职业伦理，规范社会工作者职业行为，推动社会工作者在岗专业化培训，不断提高社会工作者知识水平和职业技能，提高服务质量，保障服务对象权益等，有着十分重要的意义。

2003 年 11 月 22—23 日，根据《上海市社会工作者职业资格认证暂行办法》规定，上海市民政局组织实施了社会工作者职业资格首次考试。全市共有 5609 人报考，多为从事社会福利、小区服务与建设以及司法等领域的实际工作者。其中报考社会工作师助理的有 3184 人，占报考人数的 57%；报考社会工作师的有 2425 人，占报考人数的 43%。共有 1426 名考生通过考试，占报考者总数的 25.6%。其中取得社会工作师资格的 281 人，占报考人数的 11.6%；取得社会工作师助理资格的 1145 人，占报考人数的 35.9%。经过首批认证考试，中国首批具有职业资格认证的专业社会工作者在上海诞生。

为了给首批通过考试的社会工作者提供相应的工作岗位，上海市民政局首先在市民政系统内部设置社会工作岗位。2004 年 4 月 20 日，市民政局印发了《关于在本市民政系统及相关机构配置注册社会工作者的意见》，意见根据民政系统老年人、孤残儿童、精神康复、小区服务、社会救助、浪浪乞讨人员救助管理等社会工作相关机构的性质、规模和服务对象数量、特征等，对配置注册社会工作者提出了明确要求。

2004 年初在上海市政法委的牵头和推动下，上海市自强服务总社、上海阳光青少年事务中心和上海新航小区服务总站在上海市民政局注册登记成立，这三家社工机构分别为上海市的吸毒人员、“三失”（失学、失业、失管）青少年和小区矫正人员提供专业的社工服务。

2004 年 6 月 22 日，上海市机构编制委员会发文，“同意市民政局机关增设职业社会工作处”。职业社会工作处的正式建立，标志着上海市政府有了一个主管社会工作的职能部门，这为加快上海社会工作的职业化进程提供了组织保障。在上海市各级政府部门的强力推动下，上海在短时间内迅速构建了一整套社会工作的政策制度和组织架构，这些政策制度和组织架构为上海社会工作发展奠定了良好基础。

2009 年 3 月 24 日，上海市民政局印发《关于在本市培育发展专业社会工作机构的通知》，对培育和发展专业的社会工作机构的意义、成立条件、工作领域和培育措施做了充分说明，提出相关政府部门和街道（乡镇）要为创办专业的社会工作机构提供政策指导、办公用房、政府购买和项目实施推广方面的帮助和支持。7 月 17 日，上海市民政局还就区县培育发展专业社会工作机构召开专题会议，并实施专业社会工作机构与高校合作计划。

2011 年，《关于推进本市社会工作人才队伍建设的意见》提出加大对社工队伍建设的支持力度，主要包括：（1）建立政府购买社工服务制度，要求将购买社工服务纳入财政预算，提出建立社工发展专项基金，推行公共服务的项目化运作；（2）拓展社工服务领域，要求社工响应社会现实需求，探索在小区和谐、民族融合、农民工融入、应急救援等领域开展社工介入；（3）培育发展专业工作机构，实施“百家社工专业机构培育项目”，培养和引进相结合，积极引进本市急需的境内外社工；（4）建立社工薪酬保障制度，定期调查发布本市社工薪酬指导价，建立逐年增长机制，构建具有市场竞争力的薪酬待遇体系。

目前，社会工作在上海开始呈现出多元化发展的趋势，除官办社会工作机构外，一些民间社会工作机构也发展起来。与此同时，上海许多公办学校、医院以及社会福利机构也纷纷在原有工作体系中引入设立了社会工作岗位。但整体来说，上海社会工作以官办社会工作机构（政府主导、按民间机构注册登记）为主，民办社会工作机构为辅。

上海阳光青少年事务中心就是典型的官办社会工作机构。作为我国的经济中心、世界知名的现代化国际化大都市，上海十分关注城市安全。吸毒人员、小区“三失”青少年以及小区矫治人员是影响上海社会稳定的重要因素。为了从源头上预防和减少犯罪、维护社会稳定、提高社会管控能力、加强社会管理，2003 年 4 月 8 日，上海市政法委召开了关于预防和减少犯罪工作体系机构设置、队伍建设和管理模式的研讨会，分别于 2003 年 8 月底和 9 月 15 日联合印发了《关于推进“构建预防和减少犯罪工作体系”试点工作意见》和《中共上海市委政法委员会关于构建预防和减少犯罪工作体系的意见》。文中指出，上海要按照“政府主导推动、社团自主运作、社会多方参与”的总体思路来推动小区禁毒、小区矫正以及小区青少年管理工作，并对这一工作体系组织架构，社团的主要职责与工作，社会工作者的数量与来源、待遇以及社会工作开展过程中的工作措施及法规、工作设施、经费等问题都做了具体规定和安排。

2004 年 2 月上海市阳光青少年事务中心正式在上海市民政局登记注册成立。2004 年 8 月，上海各区的小区青少年社工站构建完成，小区青少年事务社工正式上岗，小区青少年社会工作正式在全市范围内推进。

上海市阳光青少年事务中心（以下简称“阳光中心”），受政府委托，主要负责上海市 16 ~ 25 周岁失学、失业、失管的小区“三失”青少年的教育、管理和服务工作，以及对全市青少年事务社工进行业务指导、管理和调配，支持社工参加专业培训、资格认证等。其主管单位是共青团上海市委员会。

阳光中心实行的是董事会领导下的总干事负责制。董事会的主要职责是确定机构的发展目标、总体工作方针，决定社团的重大决策。在实际操作过程中，阳光中心董事会的职能很大一部门都由它的业务指导部门——上海市小区青少年事务办公室来承担。总干事下设副总干事和各个分管干事，分别负责财务管理、人事管理、外联、信息管理和宣传。

阳光中心依托政府“两级政府、三级管理”和“条块结合，以块为主”的行政组织架构，构建了三级（市级、区级以及街道层面）工作体系。其中市级层面为阳光中心，区级层面为社工站，街道层面为社工点。市、区两个层面偏重于管理，街道层面偏重于具体服务。在阳光中心的具体运作过程中，每一层面都有相应的政府部门对其进行监管和指导，同时还有一些其他社会组织与阳光中心合作，参与阳光中心的青少年事务。

阳光中心每一层面工作的开展大致涉及到以下三方面的政府机构：（1）负责主导推动的各级党和政府的机构；（2）具体负责监督和管理小区青少年事务的政府职能部门；（3）配合参与小区青少年工作的政府职能部门。

一般来讲，在市级层面，主要涉及的政府机构有上海市政法委、上海市社会治安综合治理委员会、上海市阳光青少年事务办公室以及配合参与的市一级政府职能部门。其中，上海市政法委、上海市社会治安综合治理委员会主要负责为阳光中心的运作提供政策上的支持和指导；上海市阳光青少年事务办公室主要负责对阳光中心具体事务的管理与监督，具体负责阳光中心的日常运作工作；而其他市一级政府职能部门（如市检察院、市教育局）则利用自己优势资源参与阳光中心所开展的各项工作和项目，为阳光中心提供业务方面的支持。

在区级层面，与阳光中心运作相关的政府部门有区政法委或区预防办、团区委（或者区小区青少年事务办公室）以及配合参与小区青少年事务的区一级政府职能部门。区政法委或区预防办主要负责为阳光中心在该区的社工站提供经费、办公设施等方面的支持，并指导其工作；团区委（或区小区青少年事务办公室）则具体指导社工站的工作，全面介入社工站的具体运作中去；区县各级相关职能机构部分参与小区青少年事务的工作，主要是为小区青少年提供相应的业务指导和支持。

在街道层面，街道综治办（司法科）以及街道团工委参与到小区青少年的事务之中。其中街道综治办（司法科）为阳光中心提供办公设施以及一些其他的办公条件，为社工开展一些具体的活动提供办公经费。综治办（司法科）有时也会直接介入到社工的具体工作之中，为社工安排一些具体的工作或者借用社工做一些社工本职以外的工作。

在上海市政法委颁布的《关于构建预防和减少犯罪工作体系的意见》和《关于全面推进预防犯罪工作体系建设的实施意见》中都明确指出，政府和社团之间的关系是一种政府购买服务的关系。实施意见指出，“政府要以购买服务的形式为社团提供资金”“社团承担政府指定的服务项目，可获得政府购买的费用，用于项目相关的开支”。因此，阳光中心的运作经费绝大多数源于政府的购买服务。上海市小区青少年事务办公室代表政府向阳光中心购买小区青少年的社会工作服务。但是在实际操作过程中，除了上海市小区青少年事务办公室之外，还有市、区、街道三个层面的多个政府部门与阳光中心存在着政府购买的关系。

从阳光中心的组建和发展的过程，可以明显看出它是典型的政府主导型社会工作机构。第一，阳光中心的组建主要是为了满足政府社会稳定的要求；第二，政府全程参与了阳光中心的组建工作，并直接催生了阳光中心；第三，政府对阳光中心进行了严密的控制。这种控制主要体现在两个方面：政府通过将阳光中心的工作纳入政府工作体系之中，对阳光中心的发展和决策进行了控制；阳光中心通过依附行政体制来获取资源开展工作。

公众参与与志愿精神

公众参与

改革开放需要市民群众的理解和支持。例如南浦大桥的动迁，涉及很多的居民和单位。他们听说是建设南浦大桥需要拆迁，有许多居民连合同都没有签就自动搬走了。原本计划至少需要六个月才能完成的动迁，三个月就完成了。这样一来，就抢出了很多时间。[16]

20 世纪 90 年代的上海，有一个显著的特征，即传媒常常开展大讨论，吸引公众参与。通过大讨论，发动群众积极投身到改革的实践中去，使群众把改革看做是自身的事情。

1991 年 12 月 11 日，一封署名巍澜的读者来信，异乎寻常地刊登在中共上海市委机关报《解放日报》的头版头条——能不能在贵报上开展一场题为“90 年代上海人”的讨论，讨论的范围可以是广泛的，比如，上海人的历史责任，上海人的精神风貌，上海人的效率和节奏，上海人应该发扬哪些优点，摒弃哪些缺点等等。上海人的事要靠每一个上海人来办，上海人的明天需要每一个上海人付出心血和劳动。从这个观点出发，相信讨论对于振奋上海人的精神，对于上海未来的发展，都将是有益的。《解放日报》为此配发的编者按中写道：90 年代是祖国振兴的关键十年，同样也是开发浦东、振兴上海的关键十年。90 年代上海的振兴、发展，归根到底要靠全体上海人民的团结奋斗。90 年代上海人该具备什么样的风貌与精神，确立什么样的观念与作风，上海人该树立何种形象等，确实是每一个上海人都应认真思考的大问题。于是一场大讨论开始了。十年之后的世纪之交，又开展了面向新世纪的上海人精神大讨论。[17]

在上海，关系到城市建设的重大举措、涉及市民切身利益的重大政策，市委、市政府总要主动征求专家和市民意见，听一听群众的声音。让老百姓“知情、理解、支持、参与”，从而疏导了民怨，赢得了民心，培养和造就了最广

---

16. 全国政协文史和学习委员会《十四个沿海城市开放纪实：上海卷》，中国文史出版社，2015 年，47 页。
17. 康燕《解读上海》，上海人民出版社，2001 年，31 页。

大的支持者。“这就是上海十年改革开放与发展之所以能在平稳中有序中不断取得突破的关键所在。”[18]

1990 年 12 月，上海新闻媒体公布了上海住房体制改革实施方案（草案），在全市市民中进行了大讨论。全市 80%的职工和居民参加了讨论。从交给市民讨论到最后定稿，在两个多月的时间里，先后作了 19 次较大的修改，并将每次修改的情况在报纸上公布。通过讨论提高了市民对房改意义的认识和参与意识，为顺利进行房改奠定了良好的群众基础。有关部门曾对全市职工做了 1%的抽样调查，结果表明，赞成者占 84.6%。[19]

1996 年公交改革，全上海的报纸、电视、电台开足马力，使出十八般武艺，将公交改革的意义、主张和做法广为传播，使这次改革成为街谈巷议、家喻户晓的热门话题。时任上海市副市长夏克强甚至在公交车上，向乘客宣传公交事业改革。[20]

自改革开放以来，上海在不同时期，结合城市发展中的重大事件，聚焦“上海向何处去”和“建设一个什么样的上海”等战略性、全局性的重大问题，多次开展“城市发展战略大讨论”，来确定上海城市发展愿景目标和阶段性定位，引导城市发展实践。如 1990 年前后，围绕浦东要不要开发开放和如何扩大开放等重大问题，开展了浦东开发开放战略大讨论，最终形成了《关于开发浦东、开放浦东的请示》，并得到中央和国务院批复。1992 年市委、市政府组织“迈向 21 世纪的上海”大讨论。2002 年，上海申博成功后，市委在全市范围内开展“世博会与上海新一轮发展”大讨论。这次大讨论开展的各层次研讨会达 2380 多场次，参与人数达 6.5 万人，邀请专家达 3000 多人次。在大讨论中，对上海新一轮发展的重大战略问题，从不同角度进行了多侧面的研究，形成 4 个方案和 7 个行动纲要。

除了集中大讨论外，1992 年，上海人民广播电台制作并播出名为《市民与社会》节目。节目内容涉及文化、体育、城市建设、环境保护等，都是关系城市发展的公共事务问题，与市民的个人利益存在着直接的关系。节目邀请对

18. 康燕《解读上海》，上海人民出版社，2001 年，145 页。
19. 同上，146 页。
20. 同上，138 页。

于特定话题熟悉的党政领导和专家学者、与话题有直接关系的权威人士，为市民深入浅出地讲解问题，并回答市民提问。上海市民听众对各种各样的话题都非常关心，积极参加节目，在节目中提出自己的意见和建议，其中很多经过政府机关部门的调查研究付诸实施。2012 年，为最大限度地满足市民咨询、求助和反映问题的需要，上海对过去的众多热线电话进行了整合，设立了“12345”市民服务热线，方便了市民和政府的互动。

健全重大事项决策的专家咨询制度，充分发挥专家学者的“外脑”作用，为决策提供参谋咨询服务。早在 20 世纪 80 年代中期，围绕“建设一个什么样的上海”的主题，上海组织了国内理论界和政府部门的大批专家学者展开研究，最后提炼集成《关于上海经济发展战略的汇报提纲》，经国务院批准后成为上海改造与振兴的纲领性文件。1993 年 7 月，在时任市委书记黄菊的倡议和直接领导下，成立了以时任市长徐匡迪为组长的领导小组，开展了迈向 21 世纪的上海经济发展战略研究。参与发展战略研究的不仅有上海专家、学者和在实际部门工作的人员，还有国务院有关部委办领导和国内著名学者；不仅有国内各方面的研究力量，还有国外著名咨询研究机构、专家学者和企业家；不仅有经济方面的专家学者，还有历史、地理、人文、环境、自然科学方面的专家。在为期一年的发展战略的研究过程中，聘请了 20 多位国家有关部委和国内著名专家学者担任顾问，先后有国内外 600 多位专家学者和实际工作部门的业务骨干参加调研、研讨和提供咨询建议。最后形成了包括 1 份《迈向 21 世纪的上海》经济社会发展战略总报告、40 份分报告和专题报告在内的数百万字的研究成果。[21]

2014 年上海又开展了“面向未来 30 年的上海”发展战略研究。发展战略研究采取了综合性与专题性相结合、国内与国际相结合的研究方式，委托世界银行和国务院发展研究中心分别承担国际版和国内版的总体战略研究，委托中央国家部委研究机构和首都高校开展战略环境研究，委托上海本地机构开展总体战略平行研究。2014 年 4—5 月，上海市政府发展研究中心通过公开招投标方式，最后确定包括中央部委、上海、江浙地区和香港等 76 所知名院校

21. 周振华、洪民荣《上海改革开放 40 年大事研究》（卷二），格致出版社，2018 年，110 页。

和机构，共 81 个研究团队承担了 43 个专题研究任务。

上海最新一轮城市总体规划可以说是民主决策与科学决策的典范。总体规划成果编制坚持按照“精心准备、专家领衔、科学规划、公众参与、多方协同”的思路开展，实现了从单纯的政府主导向组织多元主体协同参与转变。从本轮规划的组织架构中可以清楚地看到，与以往规划不同的是，专家顾问委员会和公众参与咨询团作为强大的助力全程参与城市总体规划编制的每一个关键环节。而在编制工作序列中，专门设立了公众参与小组来做好城市总体规划编制中每个阶段的公众参与工作。正是在细致的方案谋划、团队保障和机制设计下，规划在公众参与方面实现了从启动之初的“1 万 +”到刚要公示时的“10 万 +”、再到成果公示时的“100 万 +”的三级跳。通过不懈的公众参与宣传和行动举措，城市总体规划逐渐从技术性文件变为全社会共同热议的焦点，民情被广泛了解、民意被充分吸纳，未来也将促进实施（图 3.3）。

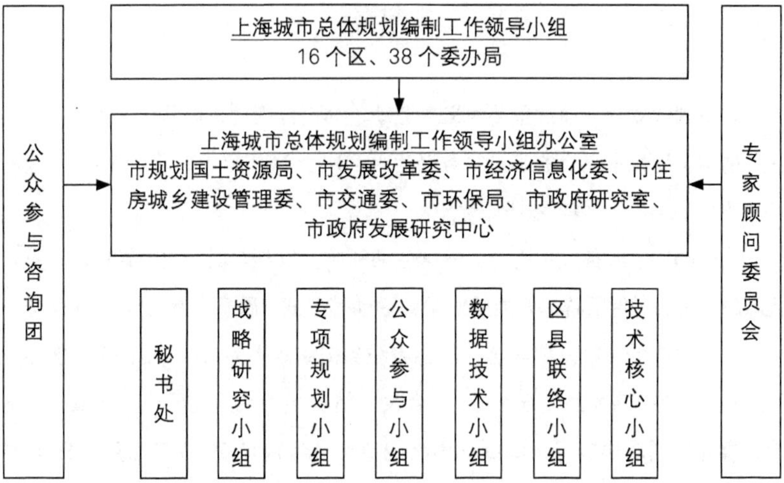

图 3.3 上海新一轮城市总体规划组织架构示意图

资料来源：石崧《〈新城市议程〉视角下的中国城市总体规划转型》，《规划师》2017 年 2 期，9 页。

推进政府信息公开，是增强决策透明度的突破口。自 2002 年 2 月起，市政府积极探索推进政府信息公开的有关工作。2004 年，上海在全国省级政府中率先制定出台《上海市政府信息公开规定》，并于同年 5 月起施行。规定明确政府信息以“公开为原则，不公开为例外”，使其成为行政机关的一项法定义务。经济社会发展规划、城市规划、市政府规章和规范性文件，与群众密切相关的重大事项如社会保障、就业、教育、土地征用和房屋拆迁等，依法向社会公开。尤其是教育、卫生、人事等一些公权力大、公益性强、公众关注程度高的政府部门必须向社会公开信息。

“中国上海”门户网站开辟了政府信息公开专栏。随着新媒体的发展，2011 年，上海开通了“上海发布”政务微博。2013 年增设“上海发布”微信发布平台，为政务信息公开、政府与市民沟通提供平台与管道。

志愿者

新中国成立后，通过星期六义务劳动、学雷锋运动，培养集体主义和利他主义精神。现代意义上的志愿服务兴起于 20 世纪 80 年代中期。进入 20 世纪 90 年代中后期，上海志愿服务逐步壮大起来。

上海的志愿服务集中于社区日常生活领域，以参与城市建设管理、开展小区志愿服务、对特困群体开展结对帮困活动等形式，展开志愿活动。1992 年，作为社区服务的一项重要内容，志愿者服务被纳入上海市政府的 12 件实事之一。另外，在 99 财富论坛、APEC 会议、特奥会、女足世界杯、上海世博等重大事件和活动中也可以看到志愿者的身影。特别是 2010 年 5 月 1 日至 10 月 31 日，第 41 届世博会在上海成功举办，其志愿服务活动持续时间之长、参与人数之多、涉及面之广前所未有。被誉为“小白菜”的 79965 名世博园区志愿者共分 13 批次向游客提供了 129 万班次、1000 万小时、4.6 亿人次的服务，内容包括问讯服务、秩序引导、文明劝导、游客协助、语言翻译、要客接待、媒体服务、心理咨询等，有效保障了园区的正常运行。此外，205 个外建服务站、790 个内设服务站、287 个延伸服务点，共有 10 万名站点志愿者和 200 万名城市文明志愿者参与，在为世博会成功举办提供保障的同时，也很好地展示了“奉献、友爱、互助、进步”的志愿精神内涵。[22]

为推动志愿者活动走向规范化、社会化，形成更大合力，1997 年上海志愿者协会在全国率先成立。上海市志愿者协会整合了由工、青、妇、民政和文明办组织的志愿者队伍，是全市最大的志愿者团体。2004 年，上海志愿者网建立。2005 年，出台《关于进一步推进上海志愿者活动的意见》，就完善志愿者管理体系、构建志愿者活动组织体系、创建志愿者活动工作载体、规范志愿者活动运作方式提出指导性意见。2007 年启动志愿者注册工作，2009 年颁布《上海市志愿服务条例》。2011 年，上海市文明办志愿服务工作处正式成立。2014 年，上海市志愿服务公益基金会成立。2016 年以来，上海按照中央文明办关于以志愿服务站点建设为重点的工作要求，以市政府实事项目为抓手，推进区级志愿服务指导中心和社区志愿服务中心建设，进一步完善志愿服务体系，建成全覆盖的社区志愿服务网络。

作为率先探索志愿服务的地区之一，上海的志愿服务一直走在全国前列，在培育公民精神、解决社会问题、增强社会联接等方面发挥了重要作用。

22. 周振华、洪民荣《上海改革开放 40 年大事研究》（卷八），格致出版社，2018 年，171 页。

第 4 章

社会政策（上）

养老保险与养老服务

上海人口老龄化

1979 年，上海 60 岁及以上老年人口占户籍总人口比例首次突破 10%，上海进入老龄化社会。此后上海人口老龄化进程呈加速发展态势。与此同时，老年人口结构也发生变化，即人口高龄化现象越来越明显，空巢家庭、独居老人增多，对养老服务需求急剧增加。人口老龄化和高龄化可以说是上海城市发展面临的一大挑战（表 4.1、表 4.2）。

表 4.1 2000—2017 年上海各类户籍老年人的规模及比重变化

年份	户籍人口	60 岁 +	80 岁 +		纯老老人数	独居老人数	人口老龄化水平
	万人	万人	万人		万人	万人	
2000	1321.63	241.76	30.56		—	—	18.3%
2001	1327.14	246.61	32.91		—	—	18.6%
2002	1334.23	249.49	35.28		—	—	18.7%
2003	1341.77	254.67	37.62		—	—	19.0%
2004	1352.39	260.78	40.7		—	—	19.3%
2005	1360.26	266.37	43.77		—	—	19.6%
2006	1368.08	275.62	46.78		78.72	17.24	20.1%
2007	1378.86	286.83	50.24		84.37	19.3	20.8%
2008	1391.04	300.57	53.44		86.38	18.8	21.6%
2009	1400.7	315.7	56.65		—	18.87	22.5%
2010	1412.32	331.02	59.83		—	19.32	23.4%
2011	1419.36	347.76	62.92		—	22.36	24.5%
2012	1426.93	367.32	67.03		—	23.35	25.7%
2013	1432.34	387.62	71.55		90.42	23.51	27.1%
2014	1438.69	413.98	75.32		96.6	24.63	28.8%
2015	1442.97	435.95	78.05		—	26.39	30.2%
2016	1449.98	457.79	79.66		116.03	28.33	31.6%
2017	1456.35	483.6	80.58		—	—	33.2%

资料来源：上海老龄网。

表 4.2 上海常住老龄人口规模及老龄化水平预测

年份	60 岁及以上				65 岁及以上			
	规模（万人）	水平 1	水平 2	水平 3	规模（万人）	水平 1	水平 2	水平 3
2015	446.45	17.90%	17.89%	17.88%	286.87	11.50%	11.50%	11.49%
2020	543.45	20.53%	20.49%	20.47%	378.60	14.30%	14.28%	14.26%
2025	601.22	21.79%	21.71%	21.68%	468.65	16.98%	16.93%	16.90%
2030	621.81	21.96%	21.87%	21.81%	518.01	18.30%	18.22%	18.17%
2035	625.83	21.77%	21.65%	21.57%	528.26	18.37%	18.28%	18.20%
2040	634.47	21.87%	21.73%	21.62%	520.66	17.95%	17.83%	17.74%
2045	647.44	22.25%	22.07%	21.93%	518.07	17.80%	17.66%	17.55%
2050	641.53	22.10%	21.89%	21.71%	522.85	18.01%	17.84%	17.69%

资料来源：肖林、周国平《卓越的全球城市：不确定未来中的战略与治理》（上卷·战略环境），格致出版社、上海人民出版社，2017 年，236 页。

养老保险

上海城镇职工养老保险制度始于建国之初。1951 年 2 月政务院颁布《中华人民共和国劳动保险条例》，根据这一条例，上海市制定了企业职工养老保险办法。1955 年国务院颁布《国家机关工作人员退休处理暂行办法》，上海据此制定了机关、事业单位工作人员养老保险办法。1958 年将企业职工和机关、事业单位工作人员的两个养老办法，在适当放宽条件和提高养老保险待遇标准的基础上作了统一规定，1978 年又进行修改与补充。

改革开放以来，随着计划经济向市场经济的转变，原先的单位保障变得越来越不适应。如市场经济条件下，企业必须面向市场，但不同企业医疗和退休费负担差异很大。由于企业破产、关闭日渐频繁，有些职工社会保障待遇不能落实。另外，原有社会保障制度主要覆盖国有和集体企业，妨碍了劳动力市场化流动。

从 20 世纪 80 年代开始，上海市启动养老保险制度改革。1986 年在全市国有企业中实现了退休职工退休费统筹，企业统一按在职职工工资总额的一定比例缴纳养老保险费，退休人员的退休金由统筹基金统一拨付。到 1988 年，这一制度进一步扩大到集体企业。

1993 年 2 月上海市人民代表大会常务委员会批准并公布《上海市城镇职工养老保险制度改革方案》（简称城保），目标是要在上海建立一个基本养老保险、单位补充养老保险和个人储蓄养老保险相结合，国家、单位和个人三者共同负担，以“社会统筹与个人账户相结合”为特征的城镇职工基本养老保险制度。1994 年至 1995 年上海市人民政府根据城镇养老保险改革方案先后颁布了《上海市城镇职工养老保险办法》和《上海市个体工商户及其帮工养老保险办法》。新的养老保险制度，不仅包括上海市党政机关和全民所有制、集体所有制企事业单位的职工、股份制企业的职工、中央各部和外省市在沪单位的职工、在沪部队企业的职工，以及这些单位的退休人员，还包括个体工商户及其帮工、私营企业主及雇员。从 1998 年起，灵活就业的自由职业人员纳入了这个制度。

在 20 世纪 90 年代初期，由于本市征地数量较少，征地单位以生产性企业为主，因此确定了“谁征地、谁吸劳”的安置原则，要求企业自行安置征地农业人员。90 年代中期以后，征地数量增加，征地大部分用于非生产性项目，政府开始实行“落实安置补偿，用于基本保障，适度生活补贴，进入市场就业”的政策。2003 年上海在郊区推出小城镇社会保险办法（简称镇保）。上海镇保覆盖了两部分人群，一是被征用土地农民，二是郊区企业从业人员，包括基本养老、医疗以及被征地人员生活补贴。镇保制度从 2003 年实行起，进行了多次修改与调整，保险基数和待遇水平不断提高，与城镇职工社保体系（城保）差距逐步缩小。2011 年上海市政府出台政策，将镇保制度中的郊区用人单位及个人纳入城保体系，但被征地农民仍被排除在外。2017 年上海市政府宣布全面停止执行镇保制度，正式实现其与城保体系并轨。新的方案将原来镇保制度中的被征地农民纳入职工基本养老、医疗保险范围，相应的缴费年限按一定比例转化为城保缴费年限，小城镇养老、医疗保险基金结余分别移转到职工基本养老、医疗保险基金中。

2005 年起，上海创设高龄老人保障制度，即是本人不缴费，由政府财政出资，来解决他们养老和医疗问题，每个月 460 元。条件是 70 岁以上、在上海生活满 30 年、没有任何保障的老人。他们的门诊费报销 50%，住院医疗费报销 70%。

2011 年起，上海市实施城镇居民社会养老保险制度。本市年满 16 周岁（不含在校学生）、不符合职工基本养老保险参保条件的城镇非从业居民，可以在户籍所在地自愿参加城镇居民养老保险。城镇居民养老保险个人缴费标准设置 10 个档次，参保人员可自主选择。政府对参保人缴费给予补贴，个人缴费越多，政府补贴也越多，而且个人缴费和政府补贴全部计入参保人个人账户。原来享受城镇老年居民养老保障待遇的人员统一纳入城镇居民养老保险范围，原待遇高于城镇居民养老保险基础养老金的部分继续享受。

早在 20 世纪 50 年代中后期，上海郊县农村就对无子女、无生活来源的老人实行“五保”制度（保吃、保穿、保住、保医、保葬），由国家和集体共同负担他们的养老费用，还建立起基本上由集体负担农村老人退休金或养老补贴的制度。

1987 年上海在嘉定县南翔镇、马陆乡进行农村养老保险试点，在试点基础上全面建立起上海农村养老保险制度。养老保险基金以个人缴纳为主，集体补助为辅，国家予以政策扶持。个人缴纳的养老保险金不低于劳动收入的 5%，乡村企事业单位按工资总额 10%提缴。

1996 年上海开始实行农村社会养老保险，提出所有区（县）都要建立农村养老保险制度，所有乡（镇）都要运转收费，参加养老投保人数占应参加投保人数 80%以上。为此，将进一步建立个人账户，实行规范化管理；努力降低管理成本，加强资金管理；以乡为主，有条件逐步过渡到以县统筹或以区统筹；协调解决好城郊与城镇养老保险的矛盾。

2009 年，国务院印发《关于开展新型农村社会养老保险试点的指导意见》，按照国家要求，上海市 2010 年起在浦东新区、松江区和奉贤区试点，2011 年底实现了制度的全覆盖。新型农村社会养老保险的参保对象和实施范围：上海市年满 16 周岁（不含在校学生）、未参加城镇职工基本养老保险或小城镇社会保险的农村居民，可以在户籍地自愿参加新农保。新农保实行按年缴费，缴费标准目前设为 5 个档次。参保人自主选择档次缴费，多缴多得，但参保人不可以超出标准、也不能低于标准缴费。上海各区县政府（含乡镇）对参保人缴费给予补贴，有条件的村集体对参保人缴费给予补助，补助标准由村民委员会召开村民会议民主确定。

2002 年上海推出外来从业人员综合保险暂行办法。对他们的工伤、大病医疗、养老均提供适度的保障。自 2011 年 7 月起，将来沪从业人员悉数纳入上海市城镇职工社会保险范围，并通过 5 年的时间逐步过渡到位。

2014 年，《上海市城乡居民基本养老保险办法》开始实施，覆盖本市户籍、年满 16 周岁（不含在校学生）、不属于职工基本养老保险制度覆盖范围内的城乡居民。年满 60 周岁、累计缴费满 15 年者，可以按月领取城乡居民养老保险待遇。

2017 年上海开始建立长期护理保险制度，制度覆盖 60 岁以上上海户籍全体医保人员（表 4.3）。

表 4.3 上海市长护险待遇支付方式和标准

服务形式	评估等级	待遇支付方式和标准	保险报销比例	备注
社区居家照护	2～3 级	每周上门服务 3 次，每次 1 小时	90%	—
	4 级	每周上门服务 5 次，每次 1 小时		—
	5～6 级	每周上门服务 7 次，每次 1 小时		连续接受居家照护服务 1～6 个月（含）的，每月增加 1 小时的服务时间，或者获得 40 元现金补助 连续接受居家照护服务 6 个月以上的，每月增加 2 小时的服务时间，或者获得 80 元现金补助
养老机构照护	2～3 级	20 元 / 天	85%	—
	4 级	25 元 / 天		
	5～6 级	30 元 / 天		

续表

服务形式	评估等级	待遇支付方式和标准	保险报销比例	备注
住院医疗护理	—	住院医疗护理期间发生符合规定的费用，按医保的相关规定执行；住院医疗护理的收费标准，按照本市现行医疗机构医疗服务项目的价格汇编等的相关规定执行	—	—

资料来源：杨雄、周海旺《上海社会发展报告（2018）》，社会科学文献出版社，2018 年，111 页。

养老服务

在计划经济时期，国家只对无子女、无劳动能力、无生活来源的老人（简称三无老人）提供服务。三无老人除少数集中入院养老外，大部分散居住家中，靠传统的、自发的邻里互助提供生活照料。

自 1979 年在全国率先进入人口老龄化社会以来，上海努力发展各类养老设施和社区为老服务，在优先为三无老人提供服务的前提下，实行向社会全面开放，逐步为社会上所有有需要的老人提供服务。

机构养老

为了应对人口老龄化的挑战，自 1994 年起，上海市政府把每年建成 25 家养老机构列入市府为民办实事项目。“十一五”以来，上海养老机构总量快速增长，扶持政策与机制不断完善，投资建设主体及运营多元化，在为高龄老人、空巢老人、半自理和不能自理老人提供服务方面发挥了重要作用（表 4.4）。

表 4.4 上海机构养老、居家和社区养老供给

	单位	2005 年	2010 年	2013 年
Ⅰ机构养老服务				
1. 机构数	家	474	625	631
2. 床位数	张	49529	97841	108364
3. 全年新增养老床位	张	10094	10843	5155
4. 养老床位占 60 岁及以上老年人口比例		1.9%	3%	2.8%
Ⅱ社区和居家养老服务				
1. 社区老年人日间服务机构数量	家	83	303	340
日托老年人数	人	2108	9000	12000
2. 社区助老服务社	个	233	233	230
3. 社区居家养老服务月服务人数	万人	5.5	25.2	28.2
4. 获得政府补贴的老年人	万人	3.9	13	13.3
5. 社区老年人助餐点机构数	家			533
6. 服务人数	万人			6

资料来源：上海市民政局《上海市老年人口和老龄事业数据手册》，2014 年。

另外，上海还探索融合养老服务设施及老年住宅产业于一体的新型养老模式——大型老年社区。亲和源就是我国最早的老年社区，坐落在上海浦东康桥小镇，2004 年由亲和源股份有限公司投资兴建，2008 年开始试运行（表 4.5）。

表 4.5 亲和源老年小区会员卡

银杏卡（B 卡）		金杏卡（A 卡）	
入会费		入会费 50 万元	
小户型	35 万元	小户型	15000 元
中户型	45 万元	中户型	25000 元
大户型	60 万元	大户型	50000 元
年费 2 万元		永久拥有公寓居住使用权	
未住满 15 年可按时间退部分会费		可指定符合条件老人入住	
不转让，不继承		可转让，可继承	

不过，由于养老机构建设、运行成本高，整体上仍供不应求。养老机构结构也不尽合理，中心城区严重不足，而郊区养老机构入住率低，存在床位浪费现象。一些有需求但收入不高的老年人很难找到合适的养老机构入住，大多数失智老人和生活不能自理的老人也很难找到理想的养老机构。

1998 年通过的上海市养老机构管理办法，积极鼓励社会办养老机构。如今社会办养老机构已经占养老机构 52%以上，投入占 60%以上。社会办养老机构良莠不齐，有的硬件设施简陋，基本没有绿化用地、休闲空间及活动空间。护理培训体系和管理机制不完善，老年护理人员以外来人员为主、工作量大、收入待遇低、流动性大、对老年服务的知识和技能比较欠缺。

居家养老

居家养老是以家庭为核心，以社区为依托，以专业化服务机构为载体，通过上门、日托或邻里互助形式，为居家老年人提供生活照料、康复护理等为主要内容的社会化服务。自 2000 年起，上海市民政局在全市 6 个中心城区的 12 个街道小范围试点社区居家养老服务。2001 年总结试点单位经验，统一了居家养老经费的补贴标准和金额，全面推进全市居家养老服务，使社区居家老人能够获得就近、便捷、专业化的护理照料和服务。

上海市居家养老服务的对象是上海市 60 周岁及以上、有生活照料需求的居家老年人。对三无、五保老人、优抚对象和有特殊贡献的老人，由政府购买服务；对低保老人、高龄老人、生活困难老人，由政府补贴服务费用；对身体健康、有经济支付能力的，则实行优惠低偿的市场化服务。

居家养老服务方式主要有两种：第一种是举办老年人的日间服务机构，附近老人可在日托站进行各种娱乐休闲活动，一般日托站都提供伙食，收费低廉；第二种是由居家养老服务中心根据老年人的不同需求指派护理人员上门开展服务，主要集中于提供病人康复护理和日常生活服务。

2004 年居家养老被列为政府实事项目，纳入政府财政预算，极大地推动了上海居家养老服务的发展。2005 年，上海在制定十一五规划时确定了 9073 养老服务格局。即到 2010 年底，90%的老人在家以自助或家庭成员照顾为主，自主选择各类社会服务资源；7%的老年人可得到政府福利政策支持的社区服务；3%的老年人接受机构养老服务。此后政府根据经济社会发展状况，逐步加大对居家养老服务投入，相继出台多项扶持和规范政策措施，不断完善运作机制，构建了一个多层次、多形式、覆盖广泛的居家养老服务体系（表 4.6）。

表 4.6 2004—2011 年上海市政府办实事项目有关居家养老服务的规定

年份	政府办实事项目内容
2004	为 2 万名生活难以自理的困难老人提供就近上门照料服务
2005	为 16 万名独居及其他需特殊照顾的老人提供上门照顾等服务；为 5.5 万名老人提供居家养老服务；为 1.3 万户独居老人为重点的纯老家庭安装紧急呼叫援助装置
2006	完成 2 万名独居老人紧急呼叫装置安装；新增 5 万名居家养老服务对象；新建 20 家示范型老年人日间照料中心
2007	完成 2 万名独居老人紧急呼叫装置安装；为 13 万名老人提供社区居家养老服务；新建 20 家老年人日间服务机构
2008	为 17 万老人提供居家养老服务，对其中 10 万名生活困难且需照料服务的老人给予政府服务补贴；新建 100 家老年人日间服务中心；新设 200 个社区老年人助餐服务点
2009	为 21 万名老人提供居家养老服务，对其中 12.6 万名生活困难且需照料服务的老人给予政府服务补贴；新建老年人日间服务中心 50 家；新设 100 个社区老年人助餐服务点
2010	为 25 万名老人提供居家养老服务；新增养老床位 1 万张；新建老年人日间服务中心 20 家；新设 50 个社区老年人助餐服务点
2011	为 26 万名经济困难且需要生活照料的老人提供社区居家养老服务；新建老年人日间服务中心 20 家；设立 40 个社区老年人助餐点

资料来源：周元鹏、张抚秀《上海市社区居家养老服务发展的背景、需求趋势及其思考》，《人口与发展》2012 年 2 期，87 页。

2015 年上海市提出，社区居家养老服务应遵循三个主要原则，即以人为本原则、公平公正原则以及安全便捷原则。以人为本原则是指结合每个老年人不同的实际情况，提供贴合老年人需求的多样化、个性化、有针对性的社区居家养老服务；公平公正原则是指确保公共服务资源的公平分配，合理使用；安全便捷原则是指在社区内部建立养老服务设施，建设养老服务队伍，能够就近就便向社区老年人提供有效服务，同时保护老年人及服务人员的安全。到2020年，全面建成服务供给、服务保障、政策支撑、需求评估、行业监管“五位一体”的社会养老服务体系，全面建成老年友好型城市和老年宜居社区。

医疗保险与医疗卫生

医疗保险

新中国建立后，医疗保险由劳保医疗和公费医疗组成。劳保医疗享受对象主要是全民所有制企业职工，城镇集体企业参照执行，职工供养的直系亲属按规定享受部分项目“半费”待遇。在职职工及所供养直系亲属医疗费用，在按工资总额一定比例所提取的福利基金中开支；离退休人员医疗费在“营业外支出”项目下列支。公费医疗享受对象主要为各级政府机关、党派、人民团体及文化、教育、科研、卫生等事业单位工作人员。公费医疗费用由财政按规定的年人均定额拨款支付。

20 世纪 80 年代以来，原有的医疗保险制度由于缺乏必要的费用控制措施，致使医疗费用大幅度上升。1986 年上海市制定了医疗保险改革方案，1988 年在全市各区、县市级单位实施。医疗改革方案主要包括三方面内容：（1）医疗费与享受人员挂钩。给享受公费医疗的职工发放医疗费备用金，就诊时，个人自付 10%的门诊药费，在 20 元以内由个人负担，超出 20 元以上的部分给予报销；（2）医疗费用与享受单位挂钩。将公费医疗经费按定额拨给单位自管，这些单位一般都具备医务室、保健科，有自管能力。自管单位的医疗费用如有超支，由主管公费医疗部门酌情补贴；（3）医疗费用与医疗单位挂钩。将公费医疗经费按指定医院就诊的享受单位人数和定额拨给医院代管，代管内容一种是代管门诊经费，另一种是门诊经费和住院经费一起代管。年终结算，节余部分按一定比例（一般为 50%）奖励给医院，超支部分经审核属于合理的部分予以解决，不合理的部分不予拨款。

1996 年上海市政府颁布《关于深化本市公费医疗制度改革的实施办法》，在增发退休人员医疗补贴的同时，实行门诊药费在职人员自负 10%，退休人员自负 5%；住院医疗费在职人员自负 8%，退休人员自负 4%；职工因患大病而自负医疗费较多，造成经济困难以致影响生活的，可由所在单位酌情补助。

个别单位有特殊困难，可向同级财政部门提出补助申请。

2000 年 12 月，上海正式实施《上海市贯彻国务院关于建立城镇职工基本医疗保险制度决定的实施方案》（简称城保）。城保适用于本市企业、事业单位、国家机关、社会团体、民办非企业单位和有雇工的个体工商户及其职工的基本医疗保险。在职职工保险费由职工缴纳一部分，用人单位缴纳一部分；退休人员不缴纳基本医疗保险费。在职职工缴纳的基本医疗保险费，全部计入本人的个人医疗账户。用人单位缴纳的基本医疗保险费的 30% 左右计入个人医疗账户。职工可凭医疗保险凭证到本市范围内的定点医疗机构就医。在定点医疗机构配药，也可以按照规定到定点零售药店配药。职工就业或居住在外省市的，以及在外省市急诊的，可以到当地医疗机构就医。针对贫困市民的基本就医和市民在患"大病""重病"时遇到的困难等问题，按一定标准实施医疗救助，以完善医疗保险改革。

2003 年上海建立小城镇医疗保险制度（简称镇保）。镇保不能享受门急诊医疗报销，在住院上，在职给付 70%，退休给付 80%，最高限额为基数的 4 倍。2011 年、2017 年分别将镇保中的企业人员、被征地农民纳入城保。

2002 年上海市政府发布《上海市外来从业人员综合保险暂行办法》，规定医疗保险门急诊不予报销，住院在起付线以上报销 80%，最高限额按缴费年数而不同。

2007 年 12 月上海颁布《城镇居民基本医疗保险试行办法》，凡未参加本市职工基本医疗保险、小城镇医疗保险和新型农村合作医疗，且符合以下条件之一的人员，可以参加城镇居民基本医疗保险（简称"民保"）：（1）具有本市城镇户籍，年龄超过 18 周岁的人员；（2）具有本市户籍的中小学生和婴幼儿；（3）本市各高等院校、科研院所中接受普通高等学历教育的全日制本科学生、高职高专学生以及非在职研究生。个人缴费以外资金，由市、区县财政按照 1 : 1 比例分担；城镇重残人员的参保资金按照规定的年龄段筹资标准，由残疾人就业保障金承担 2/3，社会福利彩票公益金承担 1/3。

早在 1958 年上海就建立了农村合作医疗。合作医疗的资金以村或乡、镇为单位，农民自愿交纳少量基金，另由集体经济公益金适当给予补助。医疗费用按规定比例由合作医疗报销一部分，其余部分由个人自行负担。到 20 世纪 80 年代初，全国大部分农村因集体经济崩溃停止合作医疗制度，但上海郊区农村却没有中断过。

从 1986 年起，上海在郊区部分乡镇试行农村合作医疗制度改革，主要内容是由地方政府、卫生部门和保险公司联合经办合作医疗，引入保险机制。合作医疗保险基金由集体和农民个人共同负担，务工人员由乡办企业提取人均年收入 4%，农民个人每年缴纳务农收入 1.6% ~ 2%，村集体经济组织为每个农民每年支付一定资金。以家庭（户）为投保单位，以村（厂）为结算单位，以乡为管理单位，实行单独核算、分户储存、专款专用。凡参加投保农民都可按规定报销在各种不同级别的医疗机构门诊和住院医疗费。

2002 年上海实施新型农村合作医疗制度，对象包括本市农业户籍及其外籍配偶，且未参加其他基本医疗保障的人员，以及选择参加新农合门诊统筹的镇保人员。由个人、财政和村集体共同筹资，定额缴费，可以进行门急诊和住院报销。

2011 年 5 月上海新医改方案颁布，它整合了多类型的医疗保险制度，缩小了不同人群待遇差别，形成了以城镇职工基本医疗保险、城镇居民基本医疗保险、新型农村合作医疗为主体的基本医疗保障制度，探索建立了老年护理保障计划。2015 年，新农合实施市级统筹。

2016 年 1 月起，城镇居民基本医疗保险和新型农村合作医疗整合，建立城乡居民基本医疗保险，实现三个统一：（1）城乡居民医保诊疗项目、医疗服务设施和用药范围等，统一参照本市职工医保的有关规定执行；（2）支付标准统一，缩小住院待遇差距，提高农村居民住院报销比例，住院支付比例达到 75%，与城镇居民一致，合理设定门诊待遇，进一步鼓励门诊医疗下沉，统一大病保险政策；（3）城乡居民可以到全市所有的医保定点医疗机构看病就医，同时，考虑到农村地区医疗资源分布不均衡，将全市 1301 家村卫生室全部纳入医保结算系统，方便农村居民就近医疗。

计划经济时期的医疗卫生服务

1949 年前的上海，虽然市区有不少医院和诊所，但由于医药费用昂贵，广大劳动人民根本无力支付。新中国建立后，政府通过多种途径解决广大人民群众就医问题，特别是贯彻“预防为主”的卫生工作方针，开展了以除害灭病为中心的爱国卫生运动，整治居住环境，改变卫生生活习惯，使许多严重危害人民身体健康的传染病被消灭或得到控制。

卫生工作要为工农兵服务，上海市卫生系统组织卫生技术人员，远赴农村协助防治血吸虫病等高发传染病。1958 年各郊县先后建立了公社（镇）卫生院，为乡村农民提供医疗卫生保健服务。1964 年为落实毛主席关于“把医疗卫生工作的重点放到农村去”的指示，各大医院动员有一定经验的医务人员下农村工作，并定期派医疗队下乡支农，促进了农村卫生事业的发展。

为方便统筹安排，合理使用医疗资源，1956 年起，上海市按行政体制调整医疗机构布局，逐步推行分级分工及划区医疗制。全市医疗机构分为三级，一级医疗机构（市区街道医院、郊县乡镇卫生院及企业保健站）负责所属地区居民、单位职工及其家属基本医疗保健服务；二级医疗机构（区、县医院及企业医院）负责本区（县）居民及本企业职工医疗保健服务，同时在业务上指导一级医疗机构；三级医疗机构（市级医院及教学医院）为全市医学中心，负责疑、难、杂症医疗任务，同时承担医学研究及医学教学任务，在业务上指导区（县）及企业医院。

在计划经济体制下，医疗卫生事业属于国家举办的社会公益事业。公立医疗机构由政府提供全部基建、发展及经常费用；企业医疗卫生机构由企业投资举办及管理，医疗卫生人员为企业职工；大部分街道医院及乡镇卫生院，在 1958 年由联合医疗机构改制而成，属于集体性质，实行独立核算，自负盈亏，为居民提供的预防保健服务由政府提供经费补贴。药品由政府组织国营药厂按计划生产，由国营药品供销系统统购统销，微利经营。整体来说，当时医疗卫生带有全民保健色彩。

改革开放以来的医疗卫生服务

市场化改革与新医改

1998 年起，医疗卫生改革走上市场化之路。从过去由政府拨款为主改为以医院收入为主，医院成为自主经营实体；药品从原来按指令性计划生产，实行统购统销，微利经营改为推向市场，按市场机制运作；医务人员收入与医疗服务收入挂钩，药品销售成为医疗机构及其工作人员的主要收入来源。

医疗卫生改革市场化，带来过度检查治疗，竞相购置大型设备等问题。医疗卫生市场化改革并没有取得预期的效果，反而带来了医疗卫生资源配置的非均等化，以及人民群众看病贵、看病难、医患关系紧张与冲突等诸多问题。

2011 年 5 月上海颁布新医改方案。新医改提出了十项重点工作：(1) 实现人人享有基本公共服务；(2) 实现本市居民医疗保障制度全覆盖；(3) 为居民提供安全有效、公平可及、价格合理的基本药物；(4) 为城乡居民提供优质便捷的基本医疗服务；(5) 探索以家庭医生制度为基础的社区卫生服务新模式；(6) 推进公立医院改革试点；(7) 加强医学学科建设和人才培养；(8) 建设基于居民电子健康档案的卫生信息化工程；(9)加快发展现代医疗服务业；(10) 切实解决居民看病就医中的突出问题。2012 年底上海又制定下发《上海市进一步深化公立医院体制机制改革三年行动计划(2013—2015)》。

区域与城乡发展

上海改变传统的三级城市医疗服务体网络，构建由区域医疗中心和社区服务中心所组成的新型城市医疗服务体系。印发了《上海市区域卫生规划（2001 — 2010 年）》，实施区域卫生规划三年行动计划。并根据城市建设发展和人口迁移情况，适时调整了医疗机构布局。

2009 年，上海开始构建区域性医疗卫生联合体，以推进医疗资源的整合。

通过医联体内部的双向转诊、先进医疗设施共享和互为确认检查项目、三级医院医生到基层医疗机构业务指导等形式进行全方位合作。通过合作分流病人，解决大医院人满为患、小医院利用不足的问题，带动和提高小医院医疗服务水平与质量。尤其是提高乡镇及以下医疗机构的业务水平，使得偏远郊区的农村居民也能获得高质量的医疗服务。

自 2005 年以来，为促进城乡医疗资源均等化，上海逐步加大了优质卫生资源向郊区的转移力度。2009 年以后，实施郊区三级医院建设 5—3—1 项目（新建 5 家、提升等级 3 家、迁建 1 家），希望在全市范围内实现 1560 就医圈（15 分钟内步行到达医疗机构、60 分钟内到达三级医疗机构），这被认为是新中国成立以来促进城乡医疗卫生事业均衡发展力度最大的一次改革。

另外，巩固和发展合作医疗制度、加强镇村医疗机构建设和管理，包括郊区村卫生室标准化建设、乡村医师培养、城市对农村的医疗支持等。2016 年，上海被列入全国第二批省级综合医改试点，市政府制定了《上海市深化医药卫生体制综合改革试点方案（2016 – 2020 年）》，力争通过五年左右的努力，基本确立城乡一体的医疗卫生服务和医疗保障体系，建成全覆盖、可持续的基本医疗卫生制度。

社区与公共卫生

新中国成立之初，由私人医生和私人诊所成立“联合诊所”，后又改为地段医院。自 1997 年，上海分批将中心城区地段医院和郊区乡镇卫生院转为社区卫生服务中心，还在城区设置了小区卫生站，在乡村设立了卫生室，形成了遍布城乡的社区卫生服务网络，在政策制定上给予大力支持。

社区卫生多年被列入政府实事项目。2000 年《上海市城镇职工基本医疗保险办法》，明确了医保不同医疗单位报销比例，发挥了医保政策的调节作用，为社区卫生服务发展奠定了政策基础。2001 年社区卫生服务网络建设取得新进展，完成了标准化建设，其功能已从针对个体的单一医疗服务功能，逐步向针对社区群体的“六位一体”综合卫生服务功能转变。2011 年上海开始实施家庭医生制度试点，2013 年全面推开。

2015 年，上海市启动了新一轮的社区卫生服务综合改革，出台了《关于进一步推进本市社区卫生服务综合改革与发展的指导意见》，提出到 2020 年基本建成社区卫生服务体系：一是将社区卫生服务中心打造为政府履行基本卫生服务职能的平台；二是实现家庭医生与居民签约服务关系，实施全面、连续、有针对性的健康管理；三是建构基层首诊和分级医疗制度；四是建立高效的内部运行机制，以及补偿、考核、激励与分配机制；五是明确家庭医生作为服务与管理主体的目标责任。

上海历来高度重视公共卫生。2003 年非典型性肺炎侵虐以后，上海加大对公共卫生的财政投入，连续实施“上海市加强公共卫生体系建设三年行动计划”，包括新建市公共卫生中心、市疾控中心和公共卫生应急指挥中心，加强公共卫生专业机构建设，实施基本公共卫生和重大公共卫生服务项目，促进基本公共卫生服务均等化。引导和支持广大市民广泛参与各种健康促进活动，提倡科学健康文明的生活方式。

上海社会办医疗机构

2003 年上海《关于本市促进社会办医和发展民办医疗机构的若干意见》出台，一方面大力引入民间资本参与政府所办医疗机构改制，另一方面支持企业、基金、个人和外资兴办医疗机构，从而促进上海多元化办医格局的形成。

根据规定，凡是符合区域卫生规划的布局要求，达到办医资质条件，以提供公益性基本医疗服务为主，不以盈利为主要目的，执行政府制定的医疗服务价格的，可视作公益性医疗机构；凡是以提供经营性的非基本医疗服务和特需医疗服务为主，根据市场需求和自身技术条件，自主确定医疗服务项目和价格的，视作经营性医疗机构。

经过多年的发展，上海的社会医疗机构已初具规模。截至 2013 年底，社会医疗机构总数已达到1715家，其中医院212家、门诊部757家、个体诊所725家、独立医学检验所21家，拥有床位12879张，其中老年护理床位3069张。目前社会办医多以营利性为主。以2014年为例，民营医院中营利性机构占比77.2%，社会办门诊部中97.14%为营利性。[1] 社会医疗机构有助于满足市民多层次医疗需求，特别是高收入人群对优质、个性医疗化服务的需求，并促进健康医疗产业的发展，同时促进公立医疗机改革，提高服务效率、提升服务水平。

“健康城市”与亚洲一流医疗卫生中心城市

新中国建立不久，政府就发出了“普遍开展清洁卫生运动，保持市民健康，希望全体市民作共同努力”的号召，并成立爱国卫生运动委员会，揭开了大规模的群众性爱国卫生运动序幕。作为一项经常性的群众卫生工作，爱国卫生运动成为人民卫生事业的重要组成部分。

健康城市是20世纪80年代中期世界卫生组织规划的一项全球性行动战略，倡导全面的健康促进和社区卫生服务。中国1994年加入了健康城市计划。2003年上海市政府正式确定了建设“健康城市”的目标，使上海成为中国第一个提出建设“健康城市”的特大型城市，并制定了第一个“健康城市三年行动计划”（表4.7、表4.8）。

表4.7 五轮《上海市建设健康城行动计划》任务、活动和重点项目

行动计划周期	主要任务	活动 / 行动	实事工程 / 重点项目
第一轮（2003—2005年）	营造健康环境；提供健康食品；追求健康生活；倡导健康婚育；普及健康锻炼；建设健康校园；发展健康小区；创建精神文明	保护母亲河；清洁空气；爱绿护绿；清洁家园；健康身心；婚育新风进万家；人人运动；健康校园；让虫害远离生活；健康家园；三讲一树	—

1. 方欣叶等《上海市社会办医发展现状研究》，《中国卫生资源》2017年3期，98页。

续表

行动计划周期	主要任务	活动 / 行动	实事工程 / 重点项目
第二轮（2006—2008 年）	完善健康服务；营造健康环境；保障健康食品；倡导健康行为	健康身心；婚育新风进万家；人人运动；人人掌握救护技能；万河整治；绿色人生；清洁家园；让虫害远离生活；放心食品健康消费；食品安全人人有责；除陋习践行公共道德；公共场所控烟；节约资源；倡导无偿献血	建设健康小区；建设健康单位；建设健康村庄；建设健康家庭
第三轮（2009—2010 年）	完善健康服务营造健康环境；加强健康管理	人人动手清洁家园；人人劝阻室内吸烟；人人坚持日行万步；人人掌握控油控盐；人人学会应急自救	—
第四轮（2012—2014 年）	人人健康膳食行动；人人控烟限酒行动；人人科学健身行动；人人愉悦心身行动；人人清洁家园行动	—	全民健康生活方式示范建设；健康传播活动系统建设；小区健康自我管理拓展建设
第五轮（2015—2017 年）	①营造与维护健康支持系统：优化小区健康支持环境；完善场所健康促进措施 ②推行与促进人群健康管理：拓展健康自我管理内涵；开展健康家庭建设	“科学健身”市民行动；“控制烟害”市民行动；“食品安全”市民行动；“正确就医”市民行动；“清洁环境”市民行动	实施健康支持工具（读本）发放项目；打造“健康大讲堂”系列品牌；拓展健康公益传播管道

资料来源：李光耀等《上海市健康城市建设 15 年实践回顾及发展思考》，《上海预防医学》2017 年 10 期，746 页。

表 4.8 全球主要城市健康指数排名

排名	城市	健康指数	排名	城市	健康指数
1	香港	0.88	6	柏林	0.81
2	东京	0.86	8	伦敦	0.79
2	新加坡	0.86	9	纽约	0.78
5	巴黎	0.82	21	上海	0.62

资料来源：肖林、周国平《卓越的全球城市：不确定未来中的战略与治理》（中卷·战略愿景），格致出版社、上海人民出版社，2017 年，343 页。

在“十五计划”中，上海市提出了建设亚洲一流医疗中心城市的目标和愿景，“到 2010 年，全面建成具有中国特色、时代特征、上海特点的卫生体系，立足本市、服务全国、面向世界，成为亚洲一流的医疗中心城市”。作为一个总体目标，亚洲一流医疗卫生中心城市包括多方面的内容：不但要有先进的医疗技术水准，还要有先进的医疗服务水平；不但要有善治疑难重症的医疗水平，还要有完善的社区卫生服务，同时，卫生资源的数量和质量以及配置的系统性、合理性、效益性，反映医疗质量和人民健康水平的主要指标等，都要达到亚洲城市的一流水平。上海建设亚洲一流医疗卫生中心城市已经取得重大进展（表 4.9）。

表 4.9 2017 年上海卫生机构基本情况

指标	单位	绝对值
卫生机构数	所	5144
# 医院	所	363
门诊部	所	831
社区卫生服务中心	所	308
疾病预防控制中心	所	19
卫生监督所	所	17
卫生技术人员数	万人	18.80
# 执业（助理）医师	万人	6.83
# 医院执业（助理）医师	万人	4.14
注册护士	万人	8.40

资料来源：周振华、洪民荣《上海改革开放 40 年大事研究》（卷九），格致出版社，2018 年，3 页。

失业保险与就业促进

失业保险制度

改革开放以来，伴随着市场经济体制的建立，大规模的产业结构调整以及企业改革，失业问题日渐突出。从 20 世纪 80 年代后期，上海开始建立失业保险制度（图 4.1）。

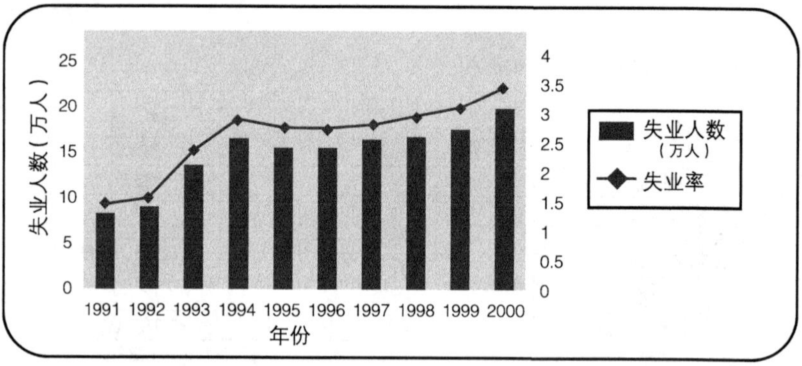

图 4.1 上海城镇失业情况（1991—2000）

资料来源：《上海统计年鉴》。

1986 年上海市人民政府根据国务院有关规定制定了《上海市国营企业职工待业保险实施办法》，对待业保险的性质、实施范围、待业保险待遇、享受条件等作了明确规定。破产企业的职工，因企业破产而被精简的职工，被企业中止、解除劳动合同的工人，以及被企业辞退的职工，可以享受待业保险待遇。这是上海市第一个失业保险法规。1989 年 7 月起区、县、局所属的集体企业参照执行。

1992 年 10 月上海市人民政府又发布《上海市待业保险暂行规定》，并由市劳动局制定实施细则，对待业保险的基金来源、管理、待业人员享受的待遇作了具体规定，放宽了享受待业（失业）保险待遇的条件，提高了待遇水平，实施范围进一步扩大到外商投资企业，以及国家机关、团体、事业单位等。1995 年上海市人民政府对《上海市待业保险暂行规定》进行修订，颁布了《上海市失业保险办法》，不仅将“待业保险”改为“失业保险”，而且对失业保险费的比例和失业救济的发放标准进行了调整，并强调了失业保险基金在保障失业期间的基本生活和促进其再就业方面的双重功能。

1999 年上海重新修改并颁布了《上海市失业保险办法》和《上海市失业保险实施细则》，将失业保险覆盖面扩大到非公有制单位、城镇个体工商户及其帮工，引进个人交费机制，并对扶持生产资金的领取，就业服务等促进再就业的措施做出明确规定（图 4.2）。

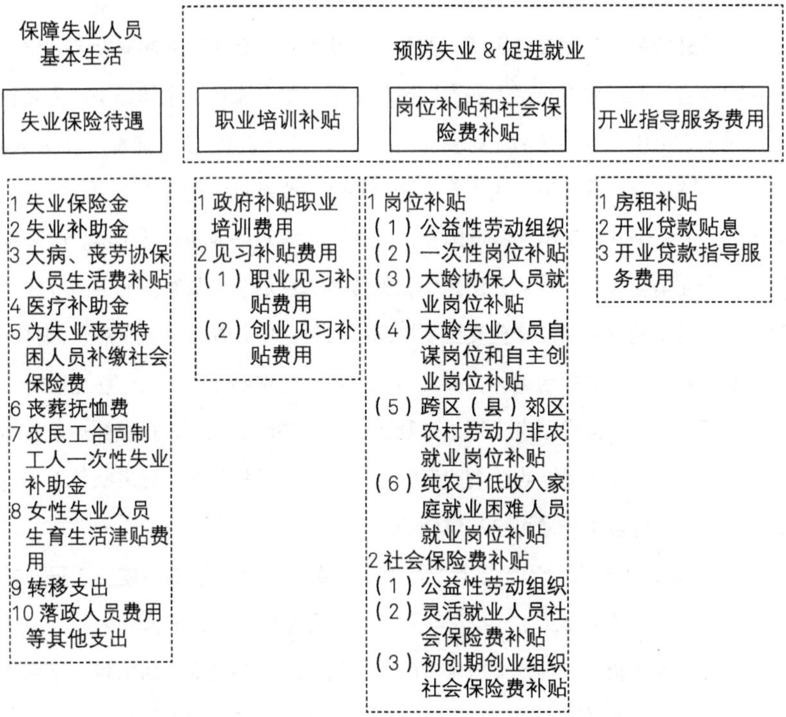

图 4.2 上海失业保险的支出范围

资料来源：杨雄、周海旺《上海社会发展报告（2016）》，社会科学文献出版社，2016 年，156 页。

就业促进政策

建国初期，上海曾经面临着十分严峻的失业形势。1950 年 7 月，上海成立“上海市失业工人救济委员会”，全面负责解决上海失业职工救济问题。决定全市私营、国营厂提交工资总额 1%，在业工人捐献工资 1%，作为救济失业工人、开展生产自救的资金；同时动员有劳动能力的失业工人以工代赈，积极推动各产业工会筹划组建生产自救工厂，并有计划地开展失业工人转业培训。对从农村进城失业人口，制定了《回乡生产暂行办法》，鼓励他们回乡参加生产，并提供一定生产和生活保障。1950—1952 年，通过各种方式，共安排 24 万人就业。“一五计划”（1953—1957）期间，实行介绍就业和自行就业相结合的方针，又安排 37.6 万人就业。

改革开放后，大量知青返城，按照“介绍就业、自愿组织起来就业和自谋职业相结合”的就业方针，上海通过多种途径，发展集体、个体经济，妥善有效地解决了上山下乡知青回城就业问题。1977—1982 年，累计安置 41.6 万人。

20 世纪 90 年代以来，由于产业调整和企业改革，大批工人下岗。据不完全统计，1991—1995 年上海市国有、集体企业累计下岗 86 万人次。政府采取了“企业消化为主，社会分流为辅，保障基本生活”的政策措施，主要内容包括：鼓励企业兴办第三产业安置下岗职工人员；结合加强企业管理，调剂岗位余缺；实行企业内提前退休，并发给生活费；允许部分职工“停薪留职”，一般为两年，期间停发所有工资、福利待遇，“停薪留职”人员缴纳一定费用后，给予计算连续工龄，终止解除劳动合同后，生活补助费（经济补偿）和待业保险（失业保险）待遇可迭加享受。

1996 年，上海开始实施以建立再就业服务中心为标志的再就业工程。首先在纺织和仪电系统试点，1997 年又在其他行业推广，并扩大到区县、央属国有和各类集体企业。再就业服务中心为下岗职工提供基本生活保障，落实基本社会保险，并提供职业培训、职业介绍等服务，促进下岗人员再就业。所需资金按企业、政府、社会各出三分之一方式筹集。这样使下岗职工不再滞留企业内部，又没有一下子推向社会。

2000 年，大部分再就业服务中心开始转换成为职业介绍和培训中心，使新增社会劳动力通过这里直接进入劳动力市场。2001 年底，上海再就业服务中心全部关闭。为鼓励下岗职工走出中心进入市场，上海制定实施了一系列配套政策。其中重要的一条就是“协议保留社会保险关系”，即将养老、医疗等社会保险关系仍留在原企业（实际上是留在社会保险机构），本人进入市场就业。协议期间没有找到工作者可由失业保险基金给予生活补助，丧失或大部分丧失劳动能力者可以回原单位享受优惠措施。

为解决困难群体就业问题，自 1998 年上海开始发展公益性劳动组织。2001 年推出 4050 项目，主要对象是男 50 周岁以上、女 40 周岁以上年龄偏大、技能缺乏、学历不高，难以通过自身努力上岗就业的人员。上海还从国际劳工组织引进了非正规就业概念。所谓非正规就业主要是通过参与小区便民利民服务、市容环境建设中的公益性劳动，为企事业提供各种临时性、突击性劳务及以家庭手工业、工艺作坊等形式实现就业。

为促进非正规就业发展，政府采取一系列优惠政策措施，包括提供免费培训，提高就业技能；纳入基本社会保险范围，帮助参加商业保险；减免税费，提供小额贷款担保；建立专门服务机构，提供免费服务，以及开展创业培训和业主培训、组建开业指导专家志愿服务团予以支持。2002 年推出了对就业困难人员的“双向承诺”制度，2003 年上海市出台针对就业特别困难人员的就业援助政策，对单位招用就业特困人员的单位给与补贴，积极开发了一批“万、千、百人就业项目”。

随着上海失业群体呈现出青年化、高学历化、失业周期加长等趋势，2001 年，上海在国内率先推出见习补贴制度，构建青年见习基地与实训基地，由政府出资补贴帮助低龄就业群体，提高就业能力。2012 年，上海市出台扶持失业青年就业的“启航”计划。

2005 年上海发布《上海市促进就业若干规定》，该规定是我国地方政府出台的第一个促进就业规定，包括增加就业岗位和控制城镇登记失业率，以创业促进就业，实行就业补贴，加强职业培训，开发就业项目、完善就业管理服务等措施，开始形成促进就业的长效机制。

2009 年上海市政府发布《上海市人民政府关于进一步做好本市促进创业带动就业工作的若干意见》，在贷款担保、创业场地、能力提升以及开业服务等方面加大扶持力度，进一步完善创业扶持政策体系，健全创业服务体系。相继实施了创业带动就业三年行动计划。

社会救助与社会福利

社会救助

改革开放前的社会救助制度

新中国成立初期，面对着数以万计的灾民、难民、城市无业游民，上海采取救济、遣送、教育、安置等多种方式予以妥善解决。1949 年成立“疏散难民回乡生产委员会”，专责处理灾民、难民的疏散遣散工作。1950 年成立“上海市生产救灾委员会”，开展以生产自救为中心的社会救济。根据 1950 年民政部第一次会议精神，上海民政部门就把社会救助作为自己的职责之一（表 4.10）。

表 4.10 新中国成立初期上海市新设人民救济组织情形一览表

团体名称	成立时间	救济方式	结束时间	备注
上海临时联合救济委员会	1949 年 4 月 25 日	救助难、灾民，维护社会秩序	1950 年 10 月	结束后，工作为中国人民救济总会上海市分会接管
上海市疏散难民回乡生产救济委员会	1949 年 8 月 27 日	开展外来难民疏散工作	1950 年	结束后由上海临时联合救济委员会和生产救灾委员会接管
上海市冬令救济委员会	1949 年 12 月 27 日	冬令救济	1950 年 3 月	结束后，工作为中国人民救济总会上海市分会接管
上海市生产救灾委员会	1950 年 3 月	节约救灾、以工代赈	1950 年 10 月	结束后，工作为中国人民救济总会上海市分会接管
上海市失业救济委员会	1950 年 7 月 2 日	救济失业人员	1952 年 10 月	撤销后，工作由上海市劳动局接管
中国人民救济总会上海市分会	1950 年 10 月 9 日	全局领导、负责全市救济事业	1953 年 6 月	与上海市民政局合并

资料来源：谢忠强《跨越 1949：上海慈善事业新旧转型初探》，《延边大学学报（社会科学版）》2013 年 2 期，113 页。

在旧上海，存在大量由国内外宗教慈善团体、同乡会馆及国民党政府社会局举办的社会福利机构。根据国家有关规定和实施办法，政府进行了接管、整顿和改造。至 1955 年末，上海市私办公助性质的社会福利机构共有 11 家。1956 年 1 月，市政府接办这 11 家教养机构，收容人员经过调整，将婴幼儿、顽劣儿童、老残人员逐步分离，形成了儿童福利院、社会福利院等不同类型的单位。

此外，在 1956 年农业合作化的基础上，依靠集体力量，对农村孤老、孤幼实行“五保”（保吃、保住、保穿、保医、保葬），建立农村敬老院，收养孤寡老人。

社会救助制度改革：最低生活保障线

改革开放后，上海对社会救助制度进行改革。1993 年 5 月，上海市有关部门联合发布《关于本市城镇居民最低生活保障线的通知》，决定从 1993 年 6 月 1 月起实施城镇居民最低生活保障制度，低保标准为月人均 120 元。

1996 年 11 月，上海市政府发布《上海市社会救助办法》，自 1997 年 1 月 1 日起，具有上海市户籍的城乡居民，在其个人或者家庭生活水平低于最低生活保障标准时，有申请社会救助和获得物质帮助的权利。办法明确规定了社会救助的责任主体、社会救助的对象、社会救助的标准和条件、社会救助的管理体制等。

1999 年 9 月，上海市民政局等五部门发布《关于完善本市城镇居民最低生活保障制度的通知》，决定从 1999 年 l0 月 1 日起，实行最低生活保障对象全员覆盖，只要是城镇居民家庭人均收入低于本市低保标准的，都可以获得政府的救助。

1994 年 6 月，市政府又特发了市农委等 3 个部门《关于做好市农村扶贫工作的意见》，确定了农村扶贫线标准（即农村居民最低生活保障线）。其标准是近郊年人均收入 850 元，远郊人均收入为 750 元，海岛年人均收入为 700 元。低保金由县（区）、乡（镇）、村三级按 4 : 4 : 2 的比例落实。

2002 年 6 月，上海市郊区农村居民最低生活保障标准由原近郊、远郊、海岛三条标准线归并为郊区、海岛两条最低生活保障标准线。2005 年 7 月，上海市民政局、财政局联合下发《关于调整本市农村居民最低生活保障标准的通知》，提出从 2005 年 8 月 1 日起，统一农村居民最低生活保障标准，农村低保标准与城镇低保标准按 1 : 1.5 的比例确定，建立了“城乡一体、标准有别”的城乡低保标准联动机制。

为了确保贫困人口基本生活随同上海国民经济增长水平得到不断改善和提高，根据上海经济发展、物价变动等几个方面的测定指数，建立了动态的社会救助标准调整机制。1993—2013 年，上海市城镇居民最低生活保障标准共调整了 16 次。上海市农村居民最低生活保障标准，1993 年 1 月 1 日，近郊每人每月 71 元、远郊每人每月 63 元、海岛每人每月 58 元；2001 年 l2 月 31 日，近郊每人每月 183 元、远郊每人每月 167 元、海岛每人每月 150 元；2002 年 1 月 1 日起，上海农村低保标准从三种并为两种，郊区每人每月 187 元，海岛每人每月 165 元；2005 年 8 月 1 日起，上海农村低保标准实现全市统一。2005—2011 年，上海农村低保标准每人每月从 195 元调至 500 元（表 4.11）。

表 4.11 2000—2017 年上海市城乡最低生活保障标准变化

年份	城市		农村	
	元 / 月	元 / 年	元 / 月	元 / 年
2000	280	3360	—	—
2001	280	3360	—	—
2002	290	3480	186.7	2240
2003	290	3480	186.7	2240
2004	300	3600	186.7	2240
2005	300	3600	195	2340
2006	320	3840	213.3	2560
2007	350	4200	233.3	2800
2008	400	4800	266.6	3200
2009	425	5100	283.3	3400
2010	450	5400	300	3600
2011	505	6060	360	4320
2012	570	6840	430	5160

续表

年份	城市		农村	
	元 / 月	元 / 年	元 / 月	元 / 年
2013	640	7680	500	6000
2014	710	8520	620	7440
2015	790	9480	790	9480
2016	880	10560	880	10560
2017	1150	13800	1150	13800

资料来源：汪泓《上海社会保障史》，上海人民出版社，2018 年，403—404 页。

2015 年上海在全国率先实现了城乡最低生活保障标准的统一。2016 年 4 月 1 日起，上海城乡居民最低生活保障标准从每人每月 790 元提高到 880 元；农村五保供养标准从每人每月不低于 1030 元调整为不低于 1150 元；低收入困难家庭申请专项救助收入标准调整为家庭月人均可支配收入低于 1760 元。特殊救济对象定期定量补助标准和申请救助家庭中就业人员收入豁免标准相应调整提高。按标准发放的低保金，使低保对象的基本生活有了保障，解决了城市困难群体的基本生活问题。2017 年，上海第 21 次调整最低生活保障及相关救助标准，城乡低保标准水平从 880 元提高到 970 元。

上海在推进社会救助体系建设过程中，建立了多层次社会救助制度。1994 年和 1995 年，上海推行城镇特困人员实物帮困和低收入家庭粮油供应卡制度。此后，对享受最低生活保障的特困户和“五保户”，又增加了医疗优待、人民助学金、丧葬优惠等其他配套措施，有效地保证了低收入居民的基本生活。

1997 年，上海市开始探索建立社会救助的“一口上下”的运行机制。1998 年之后，所有街道、乡镇建立了社会救助管理所。1999 年，全市开始实施中小学生学杂费减免和助学金制度。2001 年，开始试行廉租房制度、大病重病医疗救助制度。2002 年，上海市人民政府颁布了《关于进一步加强本市社会救助工作的意见》，对社会救助体系的制度构成、管理体制和运行机制做出了原则规定，标志着上海市社会救助体系框架的基本确立。形成了以最低生活保障、特困人员供养为基础，因病支出型贫困家庭生活救助、受灾人员救助和临时救助为补充，医疗救助、教育救助、住房救助、就业救助等专项救助相配套，社会力量充分参与的 9—1 社会救助体系（表 4.12）。

表 4.12 2015 年上海市社会救助体系构成

救助类别	救助项目	救助对象	资金来源	经济状况核对
基本生活类救助	最低生活保障制度	低保家庭	地方财政	须经收入核对系统认定
	特困人员供养制度	城市三无人员 农村五保户等		
	支出型贫困家庭生活救助	支出型贫困家庭		
专项分类救助	医疗救助	低保、低收入家庭	地方财政为主 中央财政为辅	须经收入核对系统认定
	教育救助		地方财政	
	住房救助			
	就业救助			
临时应急类救助	受灾人员救助	受灾人员	中央财政 地方财政	无须核对
	临时救助	应急型临时困难家庭	中央财政 地方财政	须经收入核对系统认定
小区市民综合帮扶		各类困难家庭	社会捐献	无须核对

资料来源：杨雄、周海旺《上海社会发展报告（2016）》，社会科学文献出版社，2016 年，243 页。

上海慈善公益事业

历史上的上海，是中国慈善事业的中心，有着优良的传统。20 世纪 80 年代后期，上海社会慈善事业重新起步。1993 年登记注册的浦东新区老人慈善福利会，是上海市在全国率先成立的以慈善命名的机构。1994 年上海市慈善基金会成立，以传播慈善理念，接受海内外社会各界慈善捐赠，为社会特困群体提供各种形式救助，协助政府发展慈善公益事业，促进社会文明进步为己任，在争议中艰辛起步，在改革开放中茁壮成长，在构建和谐社会中蓬勃发展，[2]

2. 上海慈善基金会《慈善：创新与发展》，上海社会科学院出版社，2009 年，1 页。

在更大的层面上推动了上海慈善事业的发展。

上海市慈善基金会自1994年5月成立后，于当年年底推出集宣传、募捐、救助为一体的综合性大型慈善项目——“蓝天下的至爱”。“蓝天下的至爱”每年新年借助电视、广播、报纸等多种媒体进行全方位慈善宣传，组织慈善一日捐、万人上街募捐、千店义卖募捐、慈善晚会、慈善义拍等各种筹款活动。筹得的资金用于开展万户助困、孤残儿童联欢、温暖送三岛等慈善项目。

随着慈善活动广泛开展，参与者不断增多。2012年，上海颁布了《上海市募捐条例》。2015年印发《关于促进本市慈善事业健康发展的实施意见》[3]，一是要形成促进慈善事业发展的良好环境，增强全社会的慈善意识，各区县、各部门要高度重视慈善文化建设，把慈善意识的宣传、教育和培养作为精神文明建设的重要内容，纳入公民道德教育序列；二是要将慈善组织培育成为慈善事业发展的中坚力量，积极培育和发展慈善组织，发展和壮大新兴、专业慈善组织，鼓励其通过新颖形式、创新方法和专业技能，为困难群体提供帮助，加强慈善组织自我管理能力，规范慈善组织各种活动，具有公募资格的慈善组织面向社会开展的募捐活动要与其宗旨、业务范围相一致；三是要凝聚各方资源形成慈善事业发展的合力，建立健全社会救助与慈善资源信息对接机制，积极搭建慈善事业合作平台，要持续办好上海“公益伙伴日”、慈善公益沙龙等平台，加强社会协同和公众参与，形成政府、社会组织和企业等的跨界合作，推动慈善资源对接和有效配置；四是要维护慈善事业的健康发展，强化慈善行业规范和行业自律，要推动建立上海慈善联合会，发挥其联系政府与慈善组织的桥梁作用和纽带作用，推进和规范募捐行为，要严格按照相关法律和《上海市募捐条例》等法规和政策的规定开展募捐，健全完善慈善监督机制；五是要加强对慈善组织工作的组织领导，围绕健全组织协调机制、完善表彰奖励制度、落实保障措施、加强人才培养、强化政策宣传、开展督促检查等工作，各级政府要切实加强对慈善事业的指导，将贯彻《意见》列入重要议事日程，精心组织，全面部署，制定相关工作方案和实施计划，明确工作时限，狠抓落实。

---

3. 周振华、洪民荣《上海改革开放40年大事研究》（卷八），格致出版社，2018年，203页。

社会福利：上海实事项目

20世纪80年代初，上海人民群众面临着住房紧张、交通拥挤、环境污染、公用事业供应短缺等许多问题。1986年上海市委、市政府提出要“为民办实事、办好事”的总体要求，用每年限时完成十几项看得见、摸得着实事的办法，最大限度地解除市民的后顾之忧。从此，如何每年办好十几件使市民群众受益的实事，成为历届市委、市政府日常工作的重要内容，并且作为一项制度坚持了下来（表4.13）。

表4.13 1986年上海市政府实事项目

项 目	内 容
交通建设	增加公车辆、线路和过江轮渡；重点改善新村、市中心边缘地区和乡村公共交通；增设高峰时间联运路线、妇婴专车路线；减轻铁路道口交通阻塞，完成沪杭外环铁路线一期工程
住宅建设	抓好住宅建设和新居住区的公建设施配套，竣工住宅面积430万平方米
排水设施	抓紧防洪排水重点工程的建设；完成田林、宜川、控江、虹镇四个排水系统的泵站和主要管道设施
食品	安排好副食品生产和蔬菜供应；在保证居民人均日供应300克（六两）的基础上，提高质量，增加花色品种
煤气投产	增加煤气与煤制品供应；加快煤制品厂设备更新改造，提高煤制品的产量和质量
幼、小教育	努力增加适龄儿童的入托入园人数，力争使市区4至6岁的幼儿基本入园；解决小学危房及校舍改造问题
环境治理	加强环境综合治理，完成和田地区综合治理规划及实施方案，做好6家工厂搬迁前期准备工作；绿化、美化市区环境
文化设施	增建上海美术馆、4座电影院和1座文化馆；增设1个电视教育频道
卫生设施	改善卫生设施，年内新增医院病床位587张；郊区141个村新增自来水设施，改善农民饮水水质
通讯建设	提高电话通讯能力，新增市内电话交换机容量；增加新居住区公用电话、市中心投诉电话

资料来源：上海市人民政府网站。

实事项目从上海经济社会发展战略出发来选择恰当的近期目标，并处理好治标与治本的关系。尤其注重关心老年人、残疾人和就业特困群体的生活，尽可能使每件实事的受益面涵盖较大的社会群体或一定社会阶层。近几年实事项目转向注重提高市民生活质量。

每年实事项目立项，政府都注意听取人大代表、政协委员以及社会基层意见，还通过“中国上海”门户网站，公开征集市民对实事立项的建议。对列入实事的项目，列入政府年度工作计划，所需资金由有关部门纳入年度预算，同时由专门机构负责跟踪督查。每年要办的实事，第二年年初要公布结果。市政府通过网上接受市民评议，国家统计局上海调查总队通过抽样调查、征求部分人大代表政协委员意见等途径，对实事项目成效进行评估。

30 多年来，上海每年推进的实事项目，以民为本，合民心、顺民意，直接服务老百姓，取得了明显成效，受到市民群众的拥护和普遍欢迎，并为实事项目工程的开展提供了很大的支持。

2013 年起，上海市政府与上海社科院社会调查中心合作，开展市民对实事项目的期盼度调查，形成《上海民生民意暨市政府实事项目市民期盼度调查报告》，为各部门新一年度政府实事项目的合理安排提供及时的重要参考。2015 年起，民生民意期盼度调查正式被纳入市政府实事项目立项征询与决策体系。

第 5 章

社会政策（下）

教育政策

民国上海市政府建立后，曾制定教育发展计划。根据这项计划，对上学率（当时上学率很低）进行普查，并采取措施，保证6年内上海市的每个儿童（租界不计算在内）接受小学教育。市政府将建18所中学和一所大学；私立学校在教育局注册登记，教育计划按教育部规定修改。甚至租界当局设立的公立学校也将置于中国政府的控制之下。[1] 另外，还开展平民教育，创办民众学校，推广识字运动。[2]

上海是近代中国教育最发达的城市。新中国成立前夕，上海有普通中学305所，小学3094所，特殊儿童院校8所；此外还有私塾693所，包括公立学校、私立学校、接受外国津贴学校。但很多孩子依然不能上学，那些低收入的工农家庭，其子女入学率很低。人口中文盲率居高不下，城乡教育严重不平衡（表5.1）。

表5.1 1950年上海市文盲人数统计

	6～15岁			15岁以上			文盲在6岁以上人口中所占的百分比
	人口数	文盲人数	百分比	人口数	文盲人数	百分比	
总计	737652	278893	37.81%	3467561	1843568	52.17%	50.47%

资料来源：上海市秘书处《1949年上海市综合统计》，上海市秘书处1950年印发，19页；忻平等《上海城市发展与市民精神》，社会科学文献出版社，2013年，112页。

面向大众，面向工农，为工农服务是新中国教育的基本方针。人民政府通过对旧上海公立学校、私立学校、教会学校的接管、整顿、改造，逐步建立起上海基础教育体系。为增加学生中工农子弟比例，对工农子弟入学予以照顾，在工人区和贫民区设置儿童晚班及夜中学。此外还建立了工农速成中学，大量

1.[法]安克强《1927—1937年的上海：市政权、地方性和现代化》，上海古籍出版社，2004年，138页。
2.同上，145页。

文化程度低下的职工、工农干部进入夜校、速成学校学习。通过在基层建立识字班、学习组、收听站、读报组等组织，开展了大规模的群众性扫盲运动。

大跃进时期，上海兴办了大量农业中学和农民业余学校。

文化大革命期间，高等学校停止招生。20 世纪 70 年代高校恢复招生，但废除入学考试制度，倡导工农兵学员“上（大学）、管（大学）、改（大学）”。中等专业教育被否定，中学毕业生被安排“上山下乡”。从 1955 年开始到 1963 年，上海市共约 20 万知识青年积极响应祖国号召奔赴江西、福建、甘肃、青海、新疆、西藏和内蒙古等地参加各项社会主义建设。1969—1971 年 3 年间，上海全市有 80 余万名高、初中毕业生奔赴祖国边疆、农村。[3] 据统计，在文化大革命期间，上海先后动员了 108 万名知识青年上山下乡。[4]

均衡发展的基础教育

改革开放后上海教育事业有了巨大发展。

从 1978 年开始，上海市基础教育得到迅速发展。到 1988 年，上海市区九年义务教育已经普及，郊县基本实现了九年义务教育。在市区较早普及初中教育基础上，1989 年又在郊县普及初中教育，在全国率先完成普及九年义务教育的任务。此后上海大力普及高中阶段教育。到 1997 年，上海升入高中阶段就读的初中毕业生已达到 93%左右。

从 20 世纪 80 年代中期到 90 年代初期，上海实施了 3 轮薄弱学校改造工程。为改变初中教育相对落后于小学和高中的状况，2002—2005 年，上海实施“加强初中建设工程”，共投入 85.65 亿元，以占全市 1/3 左右的 193 所相对薄弱初中为重点投放对象（其中郊区 119 所，占 62%），全面推进初中软硬件建设，使这部分学校的办学条件得到显著改善。

20 世纪 90 年代以来，上海市政府不断加大对基础教育投入，多次调整义

3. 邱国胜《城市化进程中上海外来人口管理的历史演进（1840—2000）》，中国社会科学出版社，2010 年，123 页。
4. 同上，128 页。

务教育阶段生均公用经费拨付标准，建立了义务教育阶段学校学生最低公用经费拨款标准，同时严格规范学校收费。从 2006 年秋季起，按照先郊区、后市区的实施步骤，逐步免除学杂费，也不再收取教科书和作业本费。对低保家庭和特殊困难家庭学生积极落实“两免一补”（减免杂费、减免书本费和补助生活费）政策。

2011 年，上海在来自各区县的 43 所义务教育阶段公办学校实施“新优质学校推进”项目，将教育关怀公平地惠及来自不同社群的全体学生，尽可能适应学生差异、满足学生的发展需求。通过“新优质学校推进项目”，期望推动上海基础教育的转型发展：不挑生源，负责任地接纳就近、对口入学的全体儿童；不追求分数排名，而要追求尽可能适应学生差异，满足学生的发展需求，促进每个孩子的健康快乐成长；从校情、学情出发，开展课程教学改革，主动探索提升学校办学水平的有效策略；在政府均衡配置教育资源的前提下，办学水平明显提高，成为周边百姓满意的好学校。[5] 2015 年，上海发布《上海市新优质学校集群发展三年行动计划》。到 2017 年，上海新优质学校集群发展的学校数量将扩大至 250 所左右，覆盖全市义务教育阶段学校总数约 25%。

针对城市建设发展和区域规划调整，以及人口、生源的变化，上海对部分中小学的布局适时做了调整。积极落实公建配套政策，新建了一批办学条件较好的中小学与幼儿园。鼓励中心城区品牌学校赴郊区新城、大型居住小区对口办学。

上海市采取积极措施，不断提升郊区农村的教育质量。

第一，加大投入。2003 年启动郊区优质高中扩建工程，即在南汇、奉贤、金山和崇明 4 个远郊区县新建 4 所现代化的寄宿高中，大大改善了郊区高中办学条件。2004 年市政府将“改善 355 所郊区初中、小学教学设施、均衡城乡义务教育水平”列入实事项目。十五期间，上海投资 75 亿元，在郊区建设完成 556 个教育基建项目，占全市教育项目竣工总数的 73.7%。十一五期间，上海投入 136.68 亿元，在郊区建设完成 592 个教育基建项目。2011—2015 年，全市共建 807 个基础教育基建项目，其中有 85%投向郊区。

5. 胡兴宏《“新优质学校”新在哪里》，《上海教育科研》2013 年 1 期，1 页。

第二，建立中心城区与郊区结对帮扶机制，推动优质教育资源扩散和共享。2006 年上海将 20 所郊区农村义务教育薄弱学校委托市区品牌中小学或教育机构管理，2009 年第二轮扩大到 43 所，2011 年第三轮扩大到 46 所。推进学区化、集团化办学，截至 2016 年底，全市学区化、集团化办学联合体达 130 个，覆盖学校 692 所，约占本市义务教育阶段学校总数的 48.7%。通过学区化集团化办学，不断缩小城乡之间、学校之间办学水平差距。2004 年以来，上海还先后实行了赴农村任教职称评聘优先优惠政策，鼓励特级校长和特级教师柔性流动，到郊区学校开展工作。中心城区每年选派一批优秀教师到对口郊区相对薄弱学校支教，同时郊区选送有培养前途的中青年校长和教师到对口城区挂职锻炼和跟岗培训。

第三，大力加强农村学校师资队伍建设。实施郊区农村教师津贴和奖励政策，专业发展培训项目，鼓励和吸引优秀教师和优秀大学毕业生赴农村任教。提高郊区教师生活待遇。2010 年起，教师工资全市实行统一标准，不同区县、城乡间教师收入基本均衡。

第四，提高统筹层次，加大转移支付力度。从 2003 年起实施义务教育区县统筹，保证了财政相对薄弱乡镇的义务教育的均衡发展。2006 年起，上海加大市级财政转移支付力度，重点支持崇明、金山、奉贤等一些地区义务教育。2012 年开始实施市级财政“三个统筹”：统筹下达教育支出占财政支出的比例，统筹下达区县财政教育转移支付资金，统筹少数经济发达中心城区部分财政教育资金用于支持郊区县和农村地区教育发展。

外来人口子女教育

1998 年《上海市外来流动人口中适龄儿童少年就学暂行规定》提出，加强对流动人口子女义务教育工作扶持和管理，允许外省市人口来沪办学。

2004 年，《关于切实做好进城务工就业农民子女义务教育工作的意见》指出，民工子女就学以全日制公办中小学为主；符合条件在沪就读的民工子女在各类学校接受义务教育，均享有法律赋予的合法权益；就读于公办学校的民工子女在接受教育教学、参加团队组织、担任学生干部、评优奖励等方面拥有与上海学生同等待遇。

上海按照“两为主”（流入地为主、公办学校为主）的政策要求，挖掘公办学校潜力，采取整校招生、独立编班、插班就读等多种形式，扩大招收农民工随迁子女数量。2008 年《关于进一步做好本市农民工同住子女义务教育工作的若干意见》，提出扩大义务教育阶段公办中小学接受农民工同住子女的比例，初中阶段适龄农民工子女纳入公办学校就读；委托现有民办中小学招收农民工同住子女；加大扶持力度，逐步将符合条件的现有农民工子女小学纳入民办教育管理，资助办学设施改造经费，同时按接纳学生人数给予基本成本补贴，对非法、校舍简陋、师资缺乏简陋的民工子弟学校进行关停并转。

上海启动了农民工子女义务教育三年行动计划。扩大公办学校招收农民工子女数量，降低农民工同住子女进入公办学校就读的条件，对符合条件的农民工子女免除就读公办学校借读费。2009 年，全市接受义务教育的农民工随迁子女扩大到 33.0 万人，占在校生的比例也提高到 30%。市区财政共拨付 36.9 亿元，用于公办学校接受农民工子女。对外地户籍的农民工子女，从免除学杂费开始，到免除借读费以及给予补贴，最后与户籍子女一样，享受同等教育。

2010 年，《关于加强以招收农民工同住子女为主的民办小学规范管理的若干意见》出台，并启动了《民办小学规范管理三年行动计划（2010—2012）》，要求进一步改善这些民办小学的办学条件，健全学校财务管理，加强师资队伍建设，规范教育教学常规管理，促进健康发展。

外来儿童已经成为上海儿童群体的重要部分。上海启动在城乡结合部设立民办三级幼儿园和农民工子女学前教育看护点等举措，逐步解决农民工子女学前教育问题。2008 年 8 月，上海发布《关于做好本市农民工同住子女学前教育工作的若干意见》，并出台了《上海市民办三级幼儿园设立基本条件的规定》。2010 年，《关于加强本市郊区学前儿童看护点管理工作的若干意见》，规范学前儿童看护点。

2008 年 5 月 19 日印发《上海市教育委员会关于 2008 年在本市部分全日

制普通中等职业学校试行自主招收在沪农民工同住子女的通知》，上海市于2008 年起在全日制普通中等职业学校逐步开放招收农民工子女（表 5.2）。

表 5.2 2008—2012 年上海中职教育招收随迁子女变化情况

年份	学校（所）	专业（个 / 点）	计划招生（人）	录取（人）	录取占全市比例
2008	32	72	2240	1380	2.7%
2009	45	147	3000	2735	4.8%
2010	50	202	4000	4277	—
2011	61	405	6000	6032	12.5%
2012	64	462	8000	8036	20.1%

资料来源：杨雄、周海旺《上海社会发展报告（2018）》，社会科学文献出版社，2018 年，144 页。

2013 年 6 月 19 日，《上海市居住证管理办法》以及配套的《上海市居住证积分管理试行办法》规定，上海将对持证者的年龄、教育程度、专业技术职称等指标进行“打分”，总分达到 120 分可以享受相应的公共服务待遇，包括子女教育、社会保险、证照办理、住房、基本公共卫生、计划生育等。达到 120 分的持证人子女可在上海参加中考和高考（表 5.3）。

表 5.3 “上海市居住证积分管理试行办法”积分指标体系及计分规则

<table>
<tr><th colspan="2">分项指标</th><th>最高分值</th><th>计分规则</th></tr>
<tr><td rowspan="4">基础指标（注：“教育背景”“专业技术职称和技能等级”两项指标二选一进行计分）</td><td>年龄</td><td>30</td><td>持证人年龄在 56—60 周年，积 5 分；年龄每减少 1 岁，积分增加 2 分</td></tr>
<tr><td>教育背景</td><td>110</td><td>大专（高职）学历，积 50 分；大学本科学历，积 60 分；大学本科学历和学士学位，积 90 分；硕士研究生学历学位，积 100 分；博士研究生学历学位，积 1100 分</td></tr>
<tr><td>专业技术职称和技能等级</td><td>140</td><td>取得技能类国家职业资格 1—5 级，分别积分 140、100、60、30、15 分；取得中、高级专业技术职务任职资格，分别积分 100、140 分</td></tr>
<tr><td>在本市工作及缴纳职工社会保险年限</td><td>—</td><td>每满 1 年积 3 分</td></tr>
</table>

续表

分项指标		最高分值	计分规则
加分指标（注："投资纳税""带动本地就业"两项指标，二选一进行积分）	紧缺急需专业	30	
	投资纳税或带动本地就业	100	（略）
	缴纳职工社会保险费基数	100	（略）
	特定的公共服务领域	—	就业每满 1 年积 4 分；满 5 年后开始计入总积分
	远郊重点区域	20	工作并居住，每满 1 年积 2 分；满 5 年后开始计入总积分
	全日制应届毕业生	10	
	表彰奖励	110	（略）
	配偶为本市户籍人员	40	结婚每满 1 年积 4 分

2010 年，《上海市中长期教育改革和发展规划纲要（2010—2020）》针对外来少年儿童的学前教育、义务教育、高中阶段教育进行中长期规划。

2014 年以后，上海市加大了人口调控的力度，通过户口、居住证、社保、住房，抬高入学门坎，不符合入学条件的外来人口子女大量增加，由此造成大批外来儿童青少年返乡。

民办学校及教育产业化

早在 20 世纪 80 年代初，上海就发展了一批成人非学历教育机构。

进入 20 世纪 90 年代以后，教育部在《面向 21 世纪教育振兴行动》中提出，要"认真贯彻国务院对社会力量办学实行积极鼓励，大力支持，正确引导，加强管理的方针，今后 3—5 年，基本形成以政府办学为主体、社会各界共同参与、公办学校和民办学校共同发展的办学体制"，上海开始基础教育办学体制改革。1992 年，上海相继出现了一些民办学校。在随后几年中，上海通过调动各方力量实行民办公助、公助民办、国有民办、团体或个人承办等方式办学，使民办学校有了较快的发展。1995 年已办和试办的民办中小学有 58 所，分布在 12 个区 5 个县，在校学生达 15600 人；民办幼儿园 19 所，入园幼儿 2948 人。至 1997 年，民办学校数已达 111 所。[6]

1993 年，从上海的实际出发，对部分公立中小学进行办学体制改革的试验，创造了“政府主管、民间承办，名校协办，公有民办”的试验模式。根据上海市教育委员会规定，实行办学体制改革试验的学校主要选择现有的薄弱学校和新开办的学校，前提是不影响适龄儿童就近接受义务教育。同时，上海市教育委员会还明确规定，市、区重点中学和中心小学原则上不得进行办学体制改革试验。但部分条件较好的初中借此转制为民办初中，优质的公立资源就此流失。上海一些民办中小学校，有不少是由原来的“公办”学校转制衍变而来。《民办教育促进法》及其《实施条例》正式颁布之后，上海市采取恢复建制、关闭重组、停止招生、转为民办等方式，对全市转制中小学校进行全面的清理整顿。

除了民办基础教育的发展外，民办高校也应运而生。1985 年，上海工商学院创立，成为全国第一所具有颁发国家大专学历文凭资格的民办成人高校。1994 年，经国家教育委员会批准，成立了上海市第一所具有学历教育资格的全日制民办普通高校。截至 2018 年，上海有民办大学 19 所，其中本科 6 所、专科 13 所。

上海民办教育的发展，增加了教育投入，补充了社会急需的教育资源，缓解了教育的供需矛盾，缓解了政府的公共财政压力，满足了公众对教育服务的多样化需求，也促进公办学校的办学水平与办学质量的提高。在教育改革中，一些专家倡导教育产业化，包括教育活动市场化、教育机构企业化、学生受教育投资化。民办教育投资者趋利、营利的特征比较明显，非营利性、公益性难以在整体上体现。2010 年《上海市中长期教育改革和发展规划纲要（2010—2020 年）》提出，“探索建立营利性和非营利性民办教育机构分类管理制度，制定相应的管理办法及各项政策”，并要求“加大对非营利性民办教育机构的奖励资助制度”。

教育并非普通商品，因此需“善用市场，而非为它所吞食”。也就是说，不能期望完全通过市场力量来解决教育问题，否则便会带来教育经费剧增、受教育者的机会不平等问题。

---

6. 熊月之《上海通史》（当代文化），上海人民出版社 1999 年，43 页。

终身教育

新中国成立后，政府提出教育为工农服务、为生产建设服务，特别注重保障工农的受教育权利。如开展大规模的扫除文盲运动，在接管民众学校的基础上，成立工人夜校、业余学校，以及工农速成中学；逐渐建立起成人高教制度，从最初夜校部，逐渐发展为函授部、成人高校等。在大跃进时期，还出现了半工半读学校。20 世纪 70 年代又成立了电视大学。

改革开放后，上海各级成人学校开始恢复。兴办了职工业余中学、职工大学和业余大学，普通高校举办函授教育和夜大学，建立了自学考试制度，非学历教育也有了长足进步。20 世纪 90 年代以后成人教育的发展尤其引人瞩目（图 5.1）。

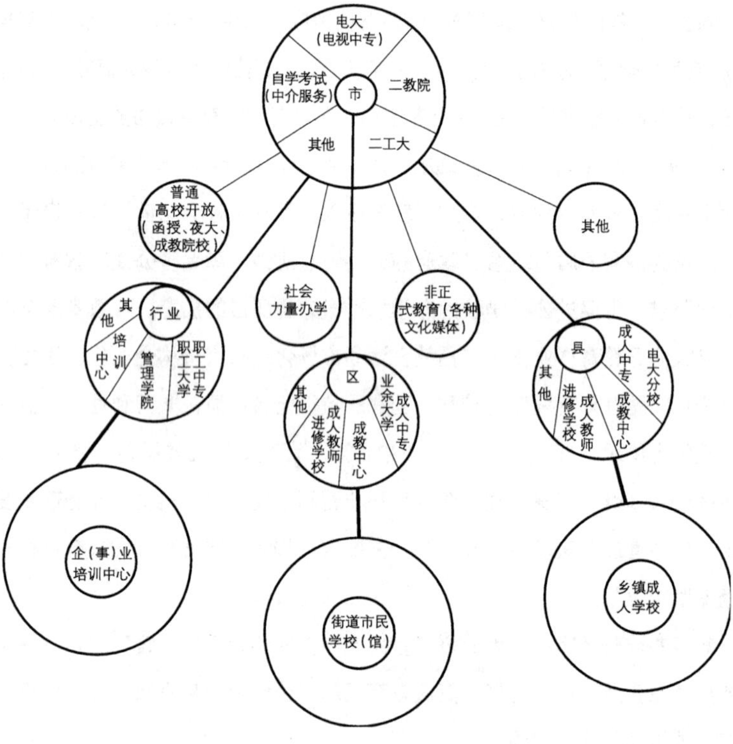

资料来源：项秉健《向终身教育方向发展的上海成人教育新进展、新经验》，《上海成人教育》1996 年 10 期，5 页。

上海是中国终身教育最发达的地区之一。1999 年，上海率先在国内提出建设学习型城市的发展目标。2006 年，上海市委、市政府印发《关于推进学习型社会建设的指导意见》，成立了上海市推进学习型社会建设指导委员会，建立了学习型社会建设管理机制，负责学习型社会建设的规划制定、统筹决策、指导督察等工作。2007 年上海召开学习型社会建设推进会。

2010 年《上海市中长期教育改革和发展规划纲要》提出，率先实现教育现代化，率先基本建成学习型社会。2011 年 1 月 5 日，《上海市终身教育促进条例》发布，自同年 5 月 1 日起正式实施。《上海市终身教育促进条例》共 35 条，主要内容包括终身教育的界定、终身教育管理体制、终身教育经费保障、终身教育的对象及教育内容、资源共享、终身教育专兼职教师、经营性民办培训机构的监管、法律责任等。到 2013 年，上海基本形成普惠市民的终身教育与学习服务体系，包括：（1）建成面向小区居民，特别是面向老年人群、进城务工人员等群体，覆盖全市 17 个区县、216 个街镇的社区教育和老年教育三级网络；（2）面向在职人员，形成了镶嵌于政府机关、事业单位等组织的工作场所培训和学习体系。《上海市终身教育促进条例》对员工培训经费、职工带薪学习等做了明确规定，职工继续教育的权利和条件得到了政策和法规的保障；（3）初步形成了为广大市民提供丰富学习机会、学习资源和学习服务的社会文化、体育、科技、媒体等教育资源平台。2013 年上海市教委启动了 8 大上海市民终身学习体验基地的建设；（4）信息技术支撑了学习资源的便捷化。2009 年开通“上海学习网”，截至 2013 年 6 月底，上海学习网注册人数超过 126 万人。

2016 年发布《关于进一步推进本市学习型社会建设的若干意见》《上海终身教育十三五规划》，到 2020 年上海率先基本建成学习型社会。

住房政策

计划经济时期住房建设与政策

住房建设

新中国建立前，上海市区住宅总面积为 2359.4 平方米，分为公寓、花园住宅、新式里弄、旧式里弄、简屋棚户 5 种形态。其中，公寓面积为 101.4 平方米，占 4.3%；花园住宅面积为 223.7 万平方米，占 9.5%；新式里弄面积为 469 万平方米，占 19.8%；旧式里弄面积为 1242.5 万平方米，占 52.7%；简屋棚户面积为 322.8 万平方米，占 13.7%。当时约 90%的上海市民居住在条件差或极差的旧式里弄、简屋棚户，剩下约 10%的富裕阶层人士则住在条件优良、环境优美的公寓、花园洋房，以及新式里弄内。

新中国成立后，人民政府本着“为生产服务，为劳动人民服务，首先是为工人服务”的城市建设方针，在国家百废待兴、财力极端困难情况下，想方设法筹措资金，为棚户、简屋区修筑道路，铺设下水道，设置公共给水站，开辟火巷，安装路灯，初步改善了这些地区的居住环境。

1951 年起，人民政府着手规划建设住宅新村。在市区边缘临近工厂集中地区，投资 6000 余万元，兴建了“一千零二户”和“二万户”住宅，总建筑面积达 64.5 万平方米，后定名为曹杨一村、控江一村等 18 个新村。“一五”期间，上海发动广大市民，采取以工代赈办法，组织失业工人填设肇嘉浜，拆除沿浜两岸搭建的棚户、简屋、“滚地龙”达 2.3 万多平方米，在漕溪路新建住宅加以安置，使 1700 余户居民改善了居住条件。同时在沪东、沪西、沪南、沪北，以及浦东工业集中的地区和临近市区边缘的内外两侧，充分利用原有市政公用设施和公共服务设施，扩大住宅建设规模。1958 年，上海规划建设卫星城。为使职工就地生产、生活，相继辟建住宅新村。1959—1961 年三年自然灾害时期，国民经济受到严重损害，住宅建设出现停顿。1963 年后，国民经济逐步好转，上海住宅建设投资增加。除在原有新村空地建造住宅之外，有计划地对棚户、简屋和危房进行改造。

文化大革命期间，上海住宅建设停滞不前，大大落后于人口增长速度，居民住房严重恶化。文化大革命结束后，大批上山下乡知识青年和落实政策人员返沪，“文革”期间被冲击的单位和个人需要发还住房，每年还有大量青年结婚急需住房，使原本就很紧张的住房问题此时更加突出。

20 世纪 80 年代初，当时市区 160 余万户居民中，人均居住面积在 4 平方米以下的家庭，占 28.4%，数量多达 45.5 万户。在这些困难户中，人均居住面积在 2 平方米以下的特别困难户，约 4.4 万户；人均居住面积在 2 平方米以上 3 平方米以下的拥挤户，约为 13.8 万户；两对或两对以上夫妇同处一室的最不方便户，约 2.44 万户；16 周岁以上的子女与父母同住一室的，约为 29 万户；男女双方年龄均达 27 周岁已领取结婚证而无结婚用房的，约为 8.9 万户；老、中、少三代家属同室而居的不方便户，约有 60.2 万户。[7]

住房政策

1950 年，上海市区有土地 12.9 万市亩，其中公有土地占 12.4%、中国私人占 74%、外国人占 13.6%；市区共有房屋 4679 万平方米，其中居住房屋 2359.4 万平方米、占房屋总数 50.4%，非居住房屋 2319.6 万平方米、占 29.6%。这 4000 多万平方米房屋绝大多数为私人所有。[8]

1956 年，在社会主义改造中，国家通过赎买、经租和“公私合营”方式，对私房进行国有化改造。此后，城市住宅以近乎无偿分配的低租金形式分配给单位职工和城镇居民。住房分配标准主要以职工职级、工龄、家庭人口等为依据。

改革开放以后，上海大大加快了城市居民住房建设的步伐。1979—1990 年，上海共投资 132.4 亿元，建成住宅 4368 万平方米，占全市 1949 年后新

7. 周振华等《上海：城市嬗变及展望》（上），格致出版社，2010 年，33 页。
8. 同上，273 页。

建住宅总量的 71%，有 80 万户约 270 万人搬进了住宅。

在加快住宅建设的同时，打破原来“统建统配”体制，允许各系统各单位自建职工住宅，实行多渠道集资、多层次建房：（1）推行住房联建公助，由各区住宅建设主管部门把部分无独立建房能力的单位联合起来集资建房，建成后以三分之一的价格出售给职工；（2）建造专为大龄青年结婚用的鸳鸯楼，解决了部分结婚青年的急需用房，同时对低租金制度进行了改革；（3）试行组织住宅合作社，1986 年成立了全国第一个住宅全作社“新欣住宅合作社”，社员承担造价的 1/3，其余由社会所在单位资助或政府贷款，住房困难的职工可自愿参加，住房的建造、分配和管理由合作社负责；（4）补贴出售商品房，规定个人购买商品住宅时须自付不得少于 1/3 的费用，其余部分由国家或企事业单位补贴；个人购房后，拥有不完全产权。政府还从统建公房中拨出一部分住房，以建设成本 1/3 的优惠价向住房困难职工出售。

20 世纪 90 年代住房制度改革

1991 年《上海市住房制度改革实施方案》正式出台，这个方案的基本原则是改变低租金、无偿分配住房的制度，建立国家、集体、个人三结合的住宅建设筹资机制，逐步实现住宅商品化和自住其力。其主要内容为：（1）推行公积金，凡具有本市常住户口的机关、团体、企事业单位的职工，每人设立固定银行账号，每月按工资的比例缴纳 5%，并随经济发展和个人收入增长加以调整，每年公布一次，个人缴纳费用连同单位缴纳部分构成每个职工的公积金，公积金归职工个人所有，可用于职工个人购买住房、建房、私房翻造和大修，职工离退休和离开本市、出国定居可以领取公积金结余部分；（2）提租发补贴，从 1991 年起，上海分六次调整租金，在提高房租的同时，还制定了相应的政策，给职工发放房租补贴；（3）配房买债券，凡新分配直管和自管新旧住房的住户，应先按规定购买上海市住宅建设债卷，才能取得住房的使用权；（4）买房给优惠，房改实施后，要求各单位将新的房源先售后分，出售的比例不低于当年总分配量的20%，凡符合单位住房分配条件的职工，若提出购买优惠房的申请，可以优先安排房源并给予价格和税费等优惠；（5）建立房委会，房委会是市政府领导下的推行住房制度改革的决策研究、管理和监督机构，其职责是负责住房制度改革方案的实施，研究提出深化改革的意见，参与住宅建设的规划、设计、建设和住房管理的决策，确定住房资金的筹集和使用方向，制定住房分配管理办法，监督住房分配。

1993年10月开始试点，1994年5月以“购房自愿，产权归己，维修自理”为原则的出售公有住房办法出台。出售价格按成本价加优惠折扣办法进行，实际出售价格约为市场上商品房的10%～20%。公房出售后，产权转为私有。到2000年底，共出售公有住房约138万套，7723万平方米，约占可出售成套公有住房的80%，回收资金为242亿元。扣除维修基金以后，系统公房回收的资金归单位所有，市直管公房回收的资金用于解决事业单位职工住房困难、特困户解困和安居工程、旧住房成套改造等。

1996年，上海先在公房出售户数较多、地域跨度较大的长宁区、浦东新区、青浦县进行已售公房上市试点，突破原有已购公房5年后方能上市的规定。1997年这项试点扩大到全市。居民出售已购公房取得的售房收入按金额5%的综合税率先缴纳保证金，在出售后一年内购进商品住房的可退回保证金，并按新购进住房与出售已购公房的差额缴纳税费。

1998年，上海出台《关于进一步深化本市城镇住房制度改革的若干意见》，明确停止住房实物分配，逐步实行住房分配货币化。住房实物分配停止后，各单位新建住房和腾空的可售公有住房原则上只售不租。1999年底，上海进一步扩大了公有住房出售范围，放宽了公有住房出售的对象和条件。除少数的花园住宅等不可出售的住房外，上海成套独用的公有住房出售并上市全面放开。

停止住房实物分配，向住房货币化分配过渡，提高职工收入中住房货币，实行一次性发放和逐月发放住房补贴的不同方法。1999年，上海出台了《上海市住房制度改革配套方案》。绝大多数市民的住房问题将通过住宅市场来解决。

土地批租与旧区改造

新中国成立后，上海以零星拆建的方式对旧区进行改造。20 世纪 80 年代，旧区改造渐成规模。90 年代初，上海市区尚有 1500 多万平方米二级旧式里弄以下旧住房；其中成片危房、棚户、简房 365 万平方米。1991 年上海市委、市政府召开住宅建设工作会议，提出“以开发新区为主，重点开发浦东，积极开展旧区改造，按照疏解的原则改造棚户、危房，动员居民迁到新区去；旧区土地主要用于发展第三产业，增加市政、公用、公共服务设施和绿化用地。通过提高级差地租，回收建房资金，改造旧区”。1992 年上海市委、市政府提出到 20 世纪末完成市区 365 万平方米危棚、简屋改造（简称“365 危棚简屋”），住宅成套率达到 70%的目标。

大规模旧区改造首先面临的就是巨额资金问题。1987 年，经国务院同意，上海市在国内率先发布《上海市土地使用权有偿转让办法》，在 1988 年完成了六个配套实施细则和两块用地的招标试点工作。1988 年 8 月，上海虹桥开发区 26 号地块的使用权进行国际招标，由日本孙氏企业有限公司以 2805 万美元价格获得，期限为 50 年。但在 1991 年前，上海土地批租进展缓慢。

邓小平南方讲话之后，上海开始探索土地批租和改造旧区相结合，利用国内外资金加快旧区改造的新路子。卢湾区打浦桥斜三地块内棚户、简屋、危房密集，居住环境极差，属于急需改造的旧区。海华房地产有限公司出资 2300 万美元，受让了其中 19790 平方米土地级差效益较高的地块，由政府组织易地安置批租范围内的 864 户居民。此后上海土地批租势不可挡，迅猛发展。也正是借助土地批租的市场化运作，上海营造出中国最大的房地产市场之一。

1990—2000 年，上海拆除包括“365”危棚简屋在内的旧房 2800 万平方米，竣工住宅面积达 1.2 亿平方米，人均居住面积由 6.6 平方米增加到近 12 平方米，人均使用面积已达到 14.6 平方米，约有近 130 万户 380 万市民乔迁新居，约占上海城市中心人口的四成多（表 5.4、表 5.5）。

表 5.4 上海土地批租情况

年份	范围	全市	市区	旧区	旧区占市区的百分比
1992	出让地块幅数	210	—	95	—
	出让地块面积（万平方米）	2010	—	92	—
1993	出让地块幅数	251	92	52	56.52%
	出让地块面积（万平方米）	4968	74	41	55.40%
1994	出让地块幅数	445	160	100	62.50%
	出让地块面积（万平方米）	1306	111	66	59.46%
1995	出让地块幅数	258	49	21	42.86%
	出让地块面积（万平方米）	640	48	—	—
1996	出让地块幅数	207	69	21	30.43%
	出让地块面积（万平方米）	379	70	—	—

资料来源：耿慧志《上海土地批租对旧城更新的影响》，《北京规划建设》1998 年 3 期。

表 5.5 上海市近年来拆迁数据表（统计范围为 10 个中心城区）

年份	动迁户数	拆迁面积（万平方米）
1995	75777	322.77
1996	89132	342.95
1997	79857	479.67
1998	78205	452.22
1999	75185	342.50
2000	70606	365.77
2001	73728	515.65
2002	101097	644.53
2003	80858	584.93
2004	42415	308.40
2005	75857	1222.53
2006	81126	1516.85
2007	49000（约）	690（约）

资料来源：袁恩桢等《上海 30 年：改革开放与经济发展》，上海财经大学出版社，2008 年，167 页。

住房保障制度

文化大革命后，直到 1992 年之前，政府住房政策重在解困，即解决住房困难户。1981—1984 年，解决了 12.7 万户人均居住面积在 2 平方米以下特别困难户。1988 年，1.52 万户人均居住面积在 2 平方米以下特困户的解困工作全部完成。1992 年，全部完成 3.18 万户人均居住面积在 2.5 平方米以下特困户的解困工作。从 1996 年起，上海每年计划解决 1.5 万户人均居住 4 平方米以下的困难户，将其列入当年度政府重点实事项目。到 1999 年 12 月 29 日，全市共解决人均居住 4 平方米以下困难户 72135 户，提前一年完成住房解困任务。

从 20 世纪 80 年代中期起，在住房制度市场化改革的同时，上海推出了改善居住困难户的“安居房”和面向中低收入者的“平价房”。前者土地由政府免费划拨，资金由政府、单位、个人共同承担，后者土地也是划拨，微利销售。

“十一五”期间，上海基本建设成廉租住房、经济适用住房、公共租赁住房、动迁安置房“四位一体”的住房保障体系（表 5.6）。

表 5.6 上海市社会住宅政策发展阶段及节点分析

阶段划分	时间节点	发布主要政策文件	产生影响	社会住宅类型
1990 年前	1979 年	《关于在三年调整时期加快住宅建设解决居住困难的报告》(1979)	住宅建设与城市改造相结合，改善居民住房条件	工人新村、各类公房
1991—1998 年	1991 年、1995 年	《上海市住房制度改革实施方案》(1991) 《上海安居工程实施细则》(1999)	公有住房出售和住房解困的开始	安居房、平价房
1999—2001 年	1999 年	《关于本市经济适用住房纳入商品房计划管理管道的通知》(1999)	社会住宅建设基本停滞	廉租房
2002—2007 年	2005 年	《上海市配套商品房和中低价普通商品房管理试行办法》(2005)	配套商品房成为社会住宅主要类型	配套商品房、廉租房
2008 年至今	2008 年	《上海市解决城市低收入家庭住房困难发展规划(2008—2012)》 《上海市经济适用住房管理试行办法》	“四位一体”的社会住宅体系初步形成	配套商品房、经济适用房、廉租房、公共租赁房

资料来源：陈治军、邹林芳《制度变迁下上海社会住宅政策的发展阶段研究》，《上海城市规划》2015 年 1 期，104 页。

廉租房制度

2000年上海在全国率先试点实行廉租房制度，并于2001年底在全市全面推行。采取收入标准与居住困难标准为一体的“双困”准入和退出机制。其中收入标准，最初是家庭人均月收入低于民政部门确定的280元的城镇家庭最低生活保障线，并接受民政部门救助连续6个月以上。2006年底起收入线标准开始与最低生活保障线脱离，扩大到低收入家庭。住房困难标准从最初为人均居住面积5平方米以下，提高到7平方米以下。

另外，采取租金补贴为主，实物配租为辅的解困机制。除对孤老、残疾等特殊家庭实施实物配租外，其余家庭均采取租金补贴的形式，家庭的租金补贴面积不足10平方米的补足10平方米。

经济适用房

经济适用房指政府提供政策优惠，按照有关标准建设，限定套型面积、销售价格及租金标准，面向上海市城镇中低收入住房困难家庭供应的具有保障性质的政策性住房。

2009年，上海市政府发布《上海市经济适用住房管理试行办法》，提出了上海市申请购买经济适用房的具体标准，主要包括：（1）申请经济适用房的家庭成员，必须具有上海常住户口7年以上，且户籍在申请区须5年以上；（2）家庭人均居住建筑面积在15平方米以下；（3）家庭月可支配收入人均2300元以下，可支配财产人均7万元以下；（4）在申请经济适用房前五年，未发生过房产交易行为。2010年全市中心区全面启动适合中低收入家庭需要的经济适用房建设。此后相继放宽准入标准和供应标准。

公共租赁房

2010 年上海市政府出台了关于公共租赁房的有关办法规定。主要解决三类人群的阶段性住房困难问题，即引进人才、新就业职工、来沪务工人员（表 5.7）。

表 5.7 上海"四位一体"住房保障体系

类型	覆盖群体	收入准入线（2017 年）	面积准入线
廉租住房	沪籍低收入住房困难家庭	1. 申请家庭成员之间具有法定的赡养、抚养或者扶养关系，且共同生活； 2. 申请家庭成员在本市实际居住，具有本市城镇常住户口满 3 年，且具有申请所在地城镇常住户口满 1 年； 3. 申请家庭人均居住面积低于 7 平方米（含 7 平方米）； 4.3 人及以上申请家庭人均月可支配收入低于 2500 元（含 2500 元）、人均财产低于 90000 元（含 90000 元），2 人及以下申请家庭人均月可支配收入低于 2750 元（含 2750 元）、人均财产低于 99000 元（含 99000 元）	人均居住面积 7 平方米以下
共有产权保障房（经济适用房）	沪籍中低收入住房困难家庭	3 人及以上家庭人均年可支配收入等于低于 6 万元、人均财产等于低于 15 万元（含 15 万元）；2 人及以下标准按前述标准上浮 20%，即人均年可支配收入等于低于 7.2 万元、人均财产收入低于 18 万元（含 18 万元）	人均建筑面积 15 平方米以下
公共租赁住房	单位住房困难职工、青年职工、引进人才、外来务工和其他常住人口	单位、区县具体制定准入标准	在本市无自有住房或人均住房建筑面积低于 15 平方米
动迁安置房	二级以下旧里中沪籍低收入、住房困难家庭	各动迁基地按相关规定确定补偿标准	数砖头加套型保底

资料来源：陆晓文《改革开放 40 年与上海市民生活质量变迁》，上海人民出版社，2018 年，95—96 页。

动迁安置房

动迁安置房是指政府为配合本市重大工程、旧区改造等建设项目，对拆迁居（农）民提供的享受优惠政策、限定建设标准的保障性住房。

20 世纪 90 年代以后，随着上海中心城区大范围旧城改造的推进，带动了郊区动迁安置房建设。2002 年，为配合世博会和轨道交通建设，上海开始兴建重大工程配套商品房，以解决中低收入居民的动迁安置问题（表 5.8）。

表 5.8 上海市“十二五”期间保障房建设及供应情况

工程量（万套）	廉租房	公共租赁房	经适房	动迁安置	总套数
2010 年开工 / 供应（万平方米）	0.9 万套	100/30	400/200	800/400	1200
2011 年开工 / 供应	/0.5	4/1	8.03/8	10/8	26.7/17.5
2012 年开工 / 供应	应保尽保	4/2	5.3	4.28	16.58/11
2011—2015 年开工建设套数	—	20	30	40	100（1.25 亿平方米）
2011—2015 年供应套数	7.5	18	40	35	—

资料来源：上海动拆迁网、中国投资咨询网、《中国上海》、《解放日报》。

上海是中国住房改革的先锋。在 20 世纪 90 年代，上海进行了根本性的住房政策调整。从国有住房一统天下，至社会多元建房，开放房地产市场，公房向住户出售，到最后采取以市场为主导的房屋政策。

住房改革 30 年来最显著的成就是住房投资增加、居住环境改善。但也带来投机活动盛行，房价狂涨和房市失控，脱离人民的收入水平和购买能力等社会问题。居高不下的住房价格和租金价格对上海吸引人才也产生一定影响。

因此，政府应致力于平衡住房市场发展和住房民生满足，即大多数人在政府某种方式支持下可以通过市场化方式来解决住房问题，而政府主要为低收入阶层提供住房保障。

交通政策

公交优先

1843 年开埠后，上海近代公共交通体系逐步发展起来。1906 年，英商上海电气建设公司取得公共租界经营电车专营权。1908 年，第一条有轨电车线路正式开通。1923 年初，英商安利洋行创办“中国公共汽车公司”。1929 年该公司获得公共租界公共汽车垄断权。

1924 年，沪北绅商发起成立沪北兴市公共汽车公司。1928 年，华人筹资成立“华商公共汽车公司”，取得华界境内专营权，但实际上只负责闸北地区运营。在沪南地区，成立了沪南公共汽车公司。1934 年 1 月，经上海市政府批准，公用局成立公共汽车管理处，办理公共交通。

1949—1956 年，在“为生产服务、为人民生活服务”方针的指引下，新成立的上海市人民政府通过接管、征用、代管以及公私合营等措施，恢复和发展公共交通，对公交线网布局进行调整，开辟了通往各工业区和工人新村的交通线路。1958 年 7 月，成立上海市公共交通公司，负责全市公交行业的管理、经营。

由于长期执行“重生产、轻生活、重工业、轻市政建设”的政策，上海城市交通建设没有随着人口和就业增长得到发展。20 世纪 80 年代，知青返城，外来流动人口增加，市区交通拥挤和道路不足矛盾变得十分尖锐，表现为车辆少、车速低、乘车条件差、道路紧张、公共交通线路少、行车间隔时间较长。乘车高峰时，车厢内每平方米站立 10 人以上。实际上，市区交通已处于半瘫痪状态。

1986 年上半年，上海市城市经济学会组织有关专家，对如何积极而有效地解决市区交通问题提出建议。同年底，市政府组织有关部门开展上海第一次全市交通大调查。1990 年底，随着浦东开发开放战略实施，市政府决定把解决城市交通问题作为城市建设首要任务来抓，集中力量，采取各种政策措施，力争使城市交通问题有所缓解，并得到初步改观。

1991 年制定的《上海城市综合交通战略规划纲要》提出，上海道路交通的远景规划是要在上海建成一个现代化的对外交通系统、一个高效的城市道路系统和一个强大便捷的公共客运系统。公共客运系统以地铁和其他快速有轨网络为骨干，以公共汽车、电车和地面公交网为主体，并具有现代化的交通换乘系统。

20 世纪 90 年代，上海城市交通建设投资剧增，从 1991 年的 8.78 亿元增加到 1998 年的 96.0 亿元，占城市基础设施投资比重从 14.3%提高到 25.3%。城市交通建设取得巨大成就，极大地改善了居民出行条件。

1999 年 11 月，上海市人民政府副市长韩正在上海国际城市交通学术讨论会上向全世界宣布了新的上海城市交通政策和规划设想。21 世纪的上海城市交通要以人为本，坚定不移地贯彻公交优先政策，大力发展大容量快速轨道交通，积极引导和控制个体交通，实现对交通设施的最有效利用，提高交通效率。

2002 年上海市人民政府发表《上海城市交通白皮书》，提出建设一个与国际中心城市相适应的现代化立体交通系统，即拥有一个高效、快速、舒适、清洁和安全，满足当代要求又造福后人的可持续发展的城市交通。

优先发展轨道交通，提升公共交通的整体吸引力。上海市轨道交通建设始于 20 世纪 90 年代。1990 年，上海地铁 1 号线破土动工，1995 年建成投入运营。1999 年在原有上海市地铁建设公司基础上，组建上海申通轨道交通投资公司，2004 年成立申通地铁集团公司，统一实施轨道交通投资、建设和运营。2010 年世博会使上海轨道交通建设进入快速发展期。

由于轨道交通形成网络，覆盖全市，而且轨道交通布局规划合理，换乘方便，上海已形成了以轨道交通为主导的公共交通优先发展模式（图 5.2、图 5.3）。

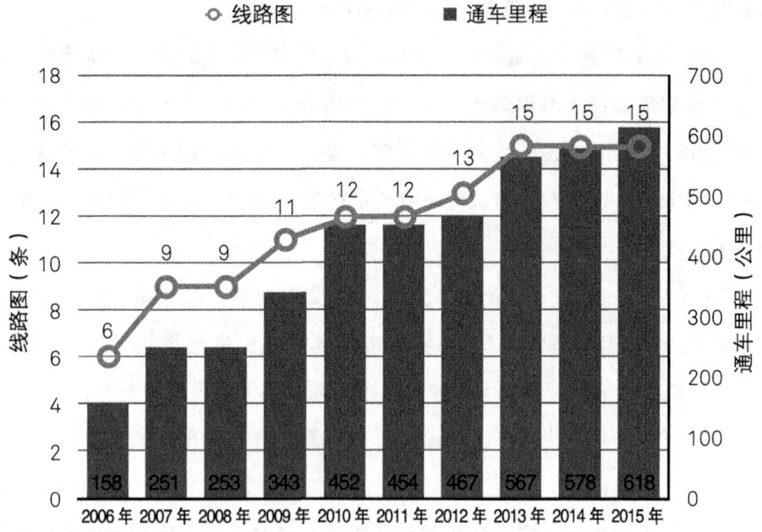

图 5.2 上海市轨道交通运营线路长度变化

资料来源：朱鲤《上海公共交通发展现状及大数据背景下的线网优化思路》，《交通与运输》2017 年 3 期，11 页。

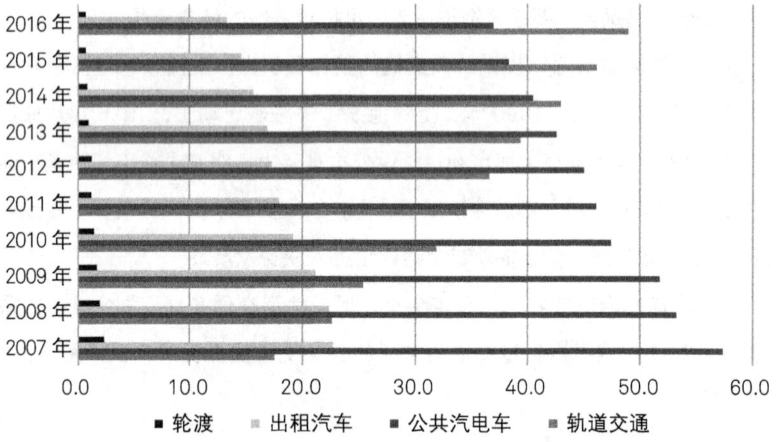

图 5.3 上海市公共交通客运结构变化

资料来源：朱鲤《上海公共交通发展现状及大数据背景下的线网优化思路》，《交通与运输》2017 年 3 期，11 页。

2015 年上海全市公共交通共完成 66.41 亿人次，日均 1820 万人次，其中轨道交通日均 698 万人次，公共汽车（电车）日均 698 万人次。地铁与公交占据着总量的 84.56%，成为市民出行的主要交通工具。

从市场化到国有化

1996 年以前，作为当时特大型国有企业，上海市公交总公司拥有 8 万公交职工、8000 余辆公交车，承担全市老百姓的日常出行。由于受困于计划体制，运营效率低，企业亏损严重，到 1995 年，政府对公交补贴额高达 8 亿元。

1996 年 1 月，上海市政府启动首轮公交改革。第一，取消公交月票，统一使用普票。市区一般线路票价每张 0.50 元，保持三年不变，长距离线路、隧道线路及小区专线仍维持现行票价；第二，打破垄断经营，原市公交总公司下属 13 家运营公司全部实行独立核算、自主经营，同时鼓励区县、企业、社会办公交，以形成多家公交经营竞争局面；第三，对公交企业区分政策性亏损和经营性亏损，对政策性亏损给予补贴，不再对经营性亏损给予补贴。

公共交通市场化改革后，减轻了政府负担，提高了企业的积极性，缓解了交通供需矛盾，但也淡化了行业公益性特征。公交企业成为上市公司，以赢利为目的，导致客源不足的区域和线路公共汽车服务不足。

2001 年，上海启动新一轮公交改革，进一步完善公交行业管理，深化公交内部改革，推进公交企业整合。上海公交行业引入了股份制经营机制。由巴士集团和大众集团通过重组形式，将原来在公交总公司体制下的十几家公司予以资产重组。巴士实业股份公司成为全国首家经营公共交通的上市公司。在明确线网布局优化和服务规范原则的同时，设立“公交专项”资金补贴制度，实施公交优先三年行动计划。

2008 年起，上海市贯彻国务院关于公交行业“国有主导、多方参与、规模经营、有序竞争”的总体要求，启动了又一轮公交改革，主要内容是将原来上海公交主要由上市公司和民营企业为主经营，通过资产重组，形成国有控股企业为主力军的市场格局。按照相对区域经营，提高市场集中度，促进有序竞争的基本思路，营造浦西、浦东、郊区 3 大经营格局。

浦西以久事公司为主体，正式成立巴士公交集团公司，并接管大众集团和琼森所属公交，完成对多家小公司的收购兼并。浦东以浦东新区政府为主导，成立浦东公交公司。在郊区，依托区县政府，推进区域公交兼并重组，形成“一区一骨干”。加大政府扶持力度，2007—2008 年，公交行业补贴 22.52 亿元；2009—2010 年，补贴约 67 亿元；2015 年，补贴地面公交 56.9 亿元。[9]

为引导公众出行选择公共交通，提高公共交通分担率，城市公共交通定价以“低价、补贴”为原则。2006 年开始逐步推出票价优惠政策，包括轨道交通、地面公交在内的换乘优惠措施，70 周岁以上老人非高峰时段免费乘车，轨道交通车站停车换乘优惠和轨道交通乘客持公共交通卡每月在轨道交通消费 70 元以上的部分享有 9 折优惠等（表 5.9、表 5.10）。

表 5.9 上海地面公交现行票制结构

区域		市区线路		郊区线路	
线路性质		市区常规	市区专线	郊区常规	郊区专线
票制		单一票价	多级票价	多级票价	多级票价
车型	普通大客	13km 以下：1 元 13km 以上：1.5 元	起价：1 元 费率：0.12 ~ 0.15 元 / 人公里 进级：1 元	起价：1 元 费率：0.12 元 / 人公里 进级：0.5 元	起价：1 元 费率：0.12 ~ 0.15 元 / 人公里 进级：1 元
	轻型客车	—	起价：1 元 费率：0.20 ~ 0.25 元 / 人公里 进级：1 元	—	起价：1 元 费率：0.20 ~ 0.25 元 / 人公里 进级：1 元
	空调客车	2 元	起价：2 元 费率：0.20 ~ 0.25 元 / 人公里 进级：1 元	起价：1 元 费率：0.24 元 / 人公里 进级：1 元	起价：1 元 费率：0.20 ~ 0.25 元 / 人公里 进级：1 元

资料来源：薛美根、朱洪、邵丹《上海交通发展政策演变》，同济大学出版社，2017 年，123 页。

9. 薛美根、朱洪、邵丹《上海交通发展政策演变》，同济大学出版社，2017 年，113 页。

表 5.10 上海轨道交通现行票制结构

乘距 / 公里	票价 / 元	乘距 / 公里	票价 / 元
0 ~ 6	3	36 ~ 46	7
6 ~ 16	4	46 ~ 56	8
16 ~ 26	5	56 ~ 66	9
26 ~ 36	6	66 ~ 76	10

注：5 号线段内减 1 元（0 ~ 6 公里为 2 元，6 ~ 16 公里为 3 元）。

资料来源：薛美根、朱洪、邵丹《上海交通发展政策演变》，同济大学出版社，2017 年，123 页。

私人小汽车

随着我国汽车产业的发展，私人小汽车进入家庭越来越快，而如果通勤中大量使用小汽车，显然是城市交通无法承受的。在上海很多交通专家认为，上海城市交通没有能力适应小汽车的增长、上海城市交通没有必要适应城市小汽车的增长、上海城市交通不能够去适应小汽车的增长。[10]

2002 年发布的《上海市交通白皮书》就明确提出："在路网扩容余地不大，公共交通欠发达，停车收费办法欠完善，道路拥挤、收费手段欠缺等因素的制约下，仍将控制机动车总量。"但"随着交通控制与管理能力的不断增强，对机动车的增长速度进行动态调整"，并制定了"近期控制拥有，远期控制使用"的政策。

1986 年起上海交管部门对私人车辆实施专用号段管理，并对号牌发放实施总量控制。1994 年开始，对私家车牌照采取有低价、不公开拍卖的市场化分配手段。1998 年初，为刺激沪产轿车销售，上海推出针对沪产轿车的私家牌照，2 万元起拍，只能用于购买沪产轿车，而购买非沪产车，则 10 万元起价参与竞拍。

2000 年实行国产小汽车上牌额度无低价、公共拍卖政策。上海现行的车

10. 潘海啸《上海城市交通政策的顶层设计思考》，《城市规划学刊》2012 年 5 期，104 页。

牌拍卖政策就是从 2000 年开始的。从 2007 年 1 月开始，上海市对汽车牌照拍卖的具体拍卖方法，又进行了重大调整。随着上海居民经济收入不断增长，对小汽车拥有和使用愿望在增强，致使牌照拍卖价格持续增长。上海已成为世界上车辆拥有成本较高的城市之一（表 5.11）。

表 5.11 2002—2013 年上海私车牌照拍卖情况

年份	投放	人数	最低成交价（元）	平均成交价（元）
2002	31850	52485	100	22141
2003	53068	131125	18800	35338
2004	71600	132582	10800	31832
2005	67078	110889	25000	33860
2006	65000	111391	26900	38566
2007	77500	116863	38500	47970
2008	84500	248837	8100	27085
2009	86100	216886	26600	32236
2010	103200	190414	10400	38889
2011	103500	282961	38300	48781
2012	108100	268702	52800	62061
2013	110000	325324	73400	79651

资料来源：李佳佳《上海汽车牌照拍卖的机制分析》，《商》，2014 年 23 期，110 页。

私人小汽车牌照拍卖政策有利于控制小汽车增长速度，使上海小汽车的拥有量远远低于北京，并且增加了财政收入和交通设施建设资金（图 5.4）。

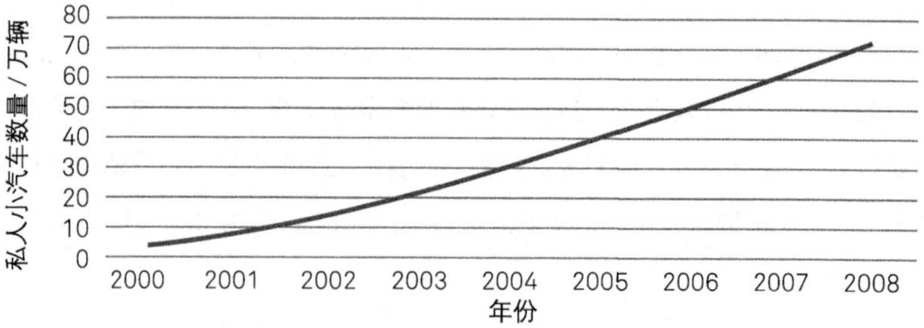

图 5.4 上海市私人小汽车增长情况

资料来源：潘海啸等《城市形态对居民出行的影响》，《城市交通》2009 年 6 期，29 页。

上海对私人小汽车发展的政策已逐步从拥有控制转变为使用控制。就是根据不同区域、不同时段以及交通流分布和交通拥挤度，采取不同的需求管理措施。使用控制政策主要包括车辆出行时空限制、停车收费、拥挤收费以及免费停车换乘。从 2006 年起上海开始执行在国内最严格的停车管理和收费政策。

老年人与残疾人交通

2007 年上海推出 70 岁以上老年人非高峰时段免费乘车措施。根据此项规定，在非高峰阶段（上午 7—9 时或下午 17—19 时外），上海市 70 岁以上的老年人，凭社保卡可免费乘坐轨道交通和公交车，并且在节假日期间实行全天免费乘车。2008 年又用专门的老年人交通卡替代了红色社保卡。

2016 年上海出台老年综合津贴制度：从 2016 年 5 月 1 日起，老年卡停止使用，凡具有上海户籍且年龄在 65 周岁以上的老年人，均可享受老年综合津贴。津贴标准按照年龄段共分为 5 档：（每人每月）65—69 岁 75 元、70—79 岁 150 元、80—89 岁 180 元、90—99 岁 350 元、100 岁及以上 600 元。

我国的城市无障碍环境建设始于 20 世纪 80 年代，曾先后制定和颁布了《方便残疾人使用的城市道路和建筑物设计规范（试行）》（1988）、《城市道路和建筑物无障碍设计规范》（2001）、《无障碍设计规范》（2012）。2002 年，建设部、民政部、中国残联和全国老龄委联合开展了创建全国无障碍设施建设示范城市工作，将全国 12 个城市列为无障碍设施建设示范城市。在 2007 年，进一步组织 100 个城市开展了创建全国无障碍建设城市活动。

残疾人问题是当今世界普遍存在的社会问题，迫切要求各国加快无障碍环境建设。在我国这一要求尤为迫切。第二次全国残疾人抽样调查显示，截至 2006 年 4 月 1 日，我国各类残疾人总数已达 8296 万，占全国总人口的 6.34%，涉及 17.8%的家庭。

近年来，北京、天津、上海等特大城市及沿海特区开放城市在城市无障碍环境建设方面取得显著进步。上海特奥委会（2007）、北京残奥委会（2008）

的召开，极大地推动了全国各城市的无障碍环境建设。在“人性关怀、和谐发展”的指导思想下，近年来上海在城市无障碍环境建设上取得了重要的进展和突破。在《上海市无障碍环境建设规划纲要（2007—2010》的编制过程中，进一步提出努力打造“全方位无障碍”环境体系的建设目标。

环境政策

改革开放以来，中国经济建设取得了举世瞩目的伟大成就。但长期以来对GDP的过度追求、粗放型的经济增长方式，对我国资源环境造成了严重破坏。城市生态环境问题日趋恶化。根据世界银行公布的资料，世界上污染程度最高的城市大部分都位于中国。

尤其需要指出的是，在中国特大城市中，环保压力在不断增强。例如上海的资源环境和生态保护面临日益严峻的挑战：[11]（1）城市规模的承载力匹配矛盾凸显，城市与人口规模的持续扩张，直接导致城市污染物排放超载，造成地表水富营养化、大气雾霾、土壤地下水污染等环境问题难以彻底解决，同时也使得河湖、湿地、农田、滨海等生态空间不断受到挤压、蚕食，生态功能退化，城市热岛、内涝、声光污染等城市生态问题日趋严重，城市生态系统健康面临威胁；（2）生态风险的布局性问题有待解决，大量中小企业位于工业区外，中心城区以及郊区新城周边仍有不少高污染企业，厂群交错；大型产业基地集约发展，与周边区域城镇发展缺乏规划统筹与协调，厂群矛盾不断，环境事故多发；工业园区与水源交叉重合，水源地存在风险；（3）环境问题的结构性矛盾日益突出，以煤为主的能源结构以及以重化工为主的工业结构，加大污染排放控制难度；（4）生态文明制度体系有待构建完善，目前仍存在环境生态保护在宏观决策体系中的全过程参与程度不足、解决环境问题的规划兼容性矛盾突出、环境法规体系不完善、环境责任机制不明、环境执法依据不足、力度不够、资源环境市场机制不健全等问题。

与世界其他全球城市相比，上海在生态环境方面是落后的。另一方面，人民对生态环境质量的要求则越来越高（图5.5）。

11. 王洋荣《特大型城市上海生态化转型发展的路径与重点举措》，《上海城市规划》2015年3期，78—79页。

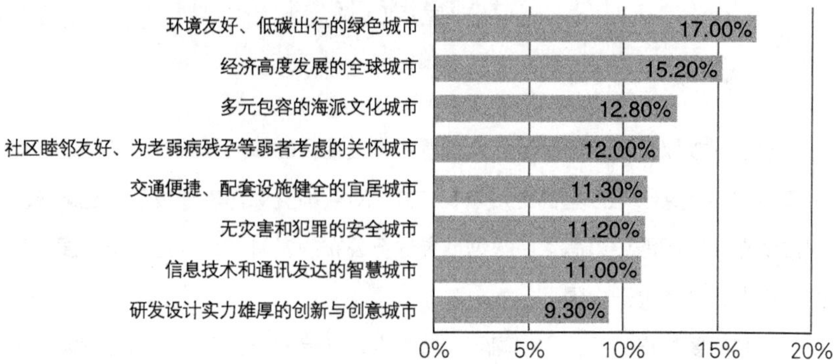

图 5.5 市民对未来上海 20 年发展目标的调查结构示意图

资料来源：石崧《〈新城市议程〉视角下的中国城市总体规划转型》，《规划师》2017 年 2 期，8 页。

生态环境恶化并非一个孤立的问题，它往往与经济、社会、政治、文化等诸多领域的问题交织缠绕在一起。尤其是当生态环境问题未能及时得到治理，随着时间的累积和空间的扩散，环境质量持续恶化，极有可能导致爆发性的严重危害，并向经济、社会、政治、文化等各领域溢出，交互作用，进而转化为经济发展的阻力、社会矛盾的源头，以及政治生活中的麻烦。[12]

近年来作为中国改革开放的排头兵，上海面对日益严峻的资源环境压力和挑战，以及公众日益强烈的对生活环境质量的诉求，贯彻创新驱动、转型发展的城市战略，努力摆脱传统发展模式的束缚，加快经济结构调整，转变经济增长方式，加大环保投入，制定了一系列生态环境政策，并采取了强有力措施，环境保护与生态文明建设有了明显进步（图 5.6、图 5.7）。

12. 戴星翼、董骁《五位一体：推进生态文明建设》，上海人民出版社，2014 年，53 页。

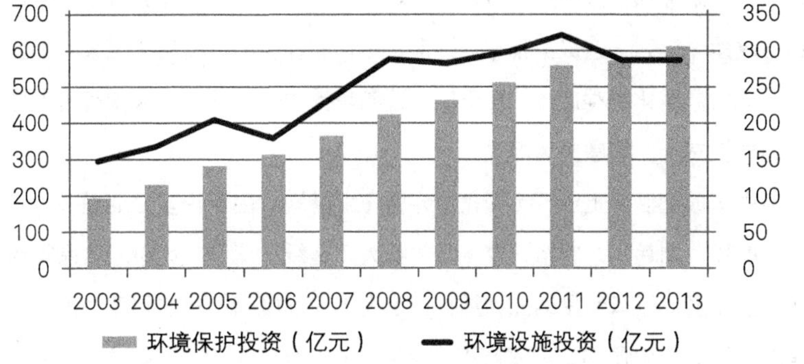

图 5.6 上海历年环保资金投入情况

资料来源：徐丽梅《上海郊区环境保护融资与治理对策》，《上海经济》2015 年 8 期，27 页。

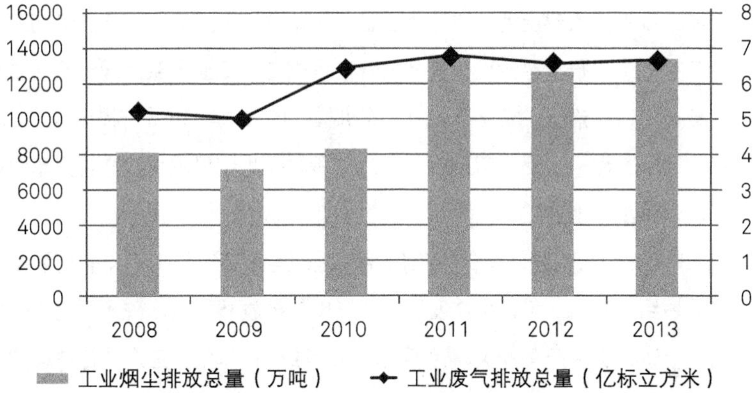

图 5.7 上海大气污染物排放量

资料来源：徐丽梅《上海郊区环境保护融资与治理对策》，《上海经济》2015 年 8 期，29 页。

工业污染防治

从开埠到 20 世纪初，由于近代工业只是初步发展，人口密度不高，上海城市环境污染在较长时期内未成为一个问题。1910 年以后，上海工业发展较快，市区人口不断增加，排污量日益扩大，环境质量逐渐恶化。租界分割，各自为政的市政建设规划，造成工程布局混乱，工厂和住宅犬牙交错，更大大加剧了上海环境质量恶化的程度。[13] 至于棚户区和华界的一些地区，大量有害气体、污水和垃圾充斥，问题更为严重。

新中国成立后，上海成为国家综合性工业基地。由于许多企业设备、工艺落后，能耗、物耗高，废水、废气排放量大，造纸、化纤、印染、食品等污染行业伴生发展，以煤为主的能源结构，上海工业环境污染日益严重。另外，由于复杂的社会历史原因，上海市工业布局极不合理。据 1987 年统计，中心城区 261 平方公里，集中工业企业 5600 家，占全市工业企业总数 47%，工业产值占全市 66%。吴淞、桃浦、吴泾、新华路、和田路等地区污染严重，危害居民健康，成为上海环境保护和工业污染治理的硬骨头。

上海市政府为改善上海城市环境质量，逐年做了大量治理工作。最初主要是针对工厂排污进行零星治理，后来结合技术改造和工业调整治理污染，并从分散治理走向行业治理，成立了专门工作机构。1962 年，市政府提出创建“基本无黑烟区”，原来由烟尘污染引起的厂群矛盾因此明显减少。文化大革命期间，环境保护工作遭到破坏。

1973 年第一次全国环境保护工作会议后，上海环境保护工作有所恢复，开展了区域综合整治。但因生产发展，“三废”排放严重，厂群矛盾仍十分尖锐。居民信访、发生严重冲突事件不断。20 世纪 80 年代，上海关停并转“三废”污染严重的工业企业，将一些污染严重的企业经过改造后，搬迁到近郊工业区或卫星城镇，市区工业污染状况显著改善。上海还通过全市重点治理项目或市政府为民办实事项目，加快了对重点污染地区的综合整治。相继将新华路、和田路和桃浦、吴淞、吴泾工业区列为重点污染地区，进行综合整治。

13. 邓伟志等《上海社会发展四十年》，知识出版社，1991 年，106 页。

水环境治理

由于大量工业废水和生活污水直接排入河道，苏州河水质早在 20 世纪 20 年代即遭污染，到 1924 年已不能作为饮用水源。众多的小河浜也变成臭水沟。

20 世纪 50 年代，随着城市工业规模扩大，苏州河两岸集中了近千家工厂企业，河水污染更趋严重。黄浦江水质从 50 年代中期亦开始恶化，1963 年黄浦江首次出现黑臭。到了七八十年代，虽然全市工业污水处理能力得到提升，但黄浦江、苏州河黑臭程度进一步加剧。苏州河因为多年来两岸的工业排污、居民生活排污，终年黑臭不堪，鱼虾绝迹，已变成一条“黑如墨、臭如粪”，不再孕育任何生命的“死河”。

新中国成立初期，上海在苏联专家帮助下拟订了《苏州河污染治理规划》，对一些重点工厂进行排查治理。1960 年，中共中央对苏州河污染治理做出指示：“就地回收，充分利用”。市人民政府提出了“根治苏州河”口号，全市掀起了“向废水废物要宝，使苏州河变清”的群众运动。

1965 年，就防止黄浦江水质恶化问题，提出了开展调查研究、推广废水治理好经验，工厂企业加强“三废”处理，广泛开展宣传教育等要求。1968 年，市人民委员会召开万人大会，发出了“向苏州河、黄浦江污水宣战”的号召。

20 世纪 70 年代，根据国家确定的环境保护方针，上海以“全面规划、综合利用，化害为利，依靠群众，大家动手，保护环境，造福人民”为原则，成立了“治理三废小组”，制定了分行业治理污染的办法，还确定了全市的造纸、化纤、印染、毛麻、皮革、化工、染料、医药、食品、蔬菜、禽蛋等 12 个行业中的 147 家工厂，作为治理污水的重点单位。[14]

1998—2009 年，上海先后发起了苏州河环境综合整治一期、二期和三期工程建设。一期工程（1998—2002）主要实施以消除苏州河干流黑臭以及与黄浦江交汇处的黑带为主要目标；二期工程（2003—2005）主要实施以稳定水质、环境绿化建设为目标；三期工程（2006—2008）主要实施以改善水质、恢复水生态系统为目标。在长期持续不断的治理下，苏州河干流在 2000 年基

14. 熊月之《上海通史（当代社会）》，上海人民出版社，1999 年，121 页。

本消除黑臭，苏州河两岸也成为居民休闲、观光、晨练的好去处。

在《中共上海市委关于制定上海市国民经济和社会发展第十个五年计划的建议》中，提出“以苏州河治理为重点，带动中小河道整治，加强水源地保护，明显改善水环境质量”。此后相继对中心城区、郊区的黑臭河道进行了整治。“十一五”期间，水环境治理向郊区农村拓展，启动了郊区“万河整治行动”，还对农村百姓房前屋后的小沟小河进行整治。

郊区环境

自 20 世纪 80 年代起，上海郊区乡镇企业快速发展起来，出现了村村办工业的局面。到 90 年代，郊区几乎每个乡镇都自行设立了开发区。这些开发区自行开发，缺乏规划，产业能级较低，带来了郊区环境污染问题。另外，郊区农业中化肥、农药大量使用，畜禽牧场建设，相对落后的乡村规划与管理以及生活污染，也直接威胁着郊区的生态环境。

在制定“十五”规划时，上海提出“九五变化看市区，十五变化看郊区”“中心城区体现繁荣繁华，郊区体现实力水平”的发展目标，上海城市产业功能和人口向郊区扩展速度加快，成片的居住区、工业园区、各类开发区在郊区崛起。由于一些污染企业外移，工业区和居住区与农田交错，导致有害废物和居民生活废水等直接污染了郊区的土地和水域，使城市郊区生态严重受损。

上海郊区是城市自然资源（包括土地资源、水资源、生物资源、矿产资源等）的主要分布区域，是城市的生态屏障。上海郊区宝贵的生态资源，在保护生物多样性、调节气候、提高景观多元性等方面起着不可替代的作用。上海逐渐加强防治郊区环境污染的监管和法制建设，加大村镇环境综合整治力度，完善村镇垃圾和污水处理设施，实施村容村貌整治。

结语

建设更具包容性、可持续的全球城市

城市治理的现代化

上海是中国的上海，上海的发展是在党中央、国务院大政方针指导下进行的，体现着中国发展的特色和规律。

改革开放以后，为了调动地方的积极性，中央与地方适度分权，赋予地方政府更大的政治空间，使城市有能力根据国内外形势，尽可能迅速地作出反应，制定和执行城市的发展战略。但强势的中央政府依然保留着关键性的控制和最后的决定权，国家的作用仍然是至关重要的。

20 世纪 90 年代以后上海的快速发展，很大程度上就是得益于中央的战略调整和优惠政策。对上海的改革开放，中央政府始终予以坚定的政治支持和指导。诚如诸多西方学者所言，上海是由国家精心策划的、国家领导的建设世界城市的一个典型案例，是通过把上海向世界开放而实现国家目标。改革开放的主动权始终掌握在中央政府手中，地方政府的所有决策都被要求遵守中央政府的大政方针。

上海市政府是一个有为政府、能为政府，具有远大的眼光、坚韧的意志和丰富的城市治理经验与智慧。改革开放以后，上海市政府具有了更大的自主权，有了自主发展的动力和财力，进行了以建立“服务政府、责任政府、法治政府”为目标，以机构调整、职能转变和行政审批改革为主线的行政管理体制改革。同时推行权力下放政策，将城市权力不断由市向区、由区向街居转移，从而构建了城市分级治理体制。上海还通过撤销行政性公司、企业主管局，建立国有资产管理委员会，发展行业协会和中介组织，剥离城市政府经济职能，重构政府与市场的关系。

上海有着长期的国际联系，向来以开放的态度对待外部世界。全球化、信息技术的发展，给上海这座曾经的世界城市带来巨大机遇。上海积极引进西方先进技术、管理和资金，吸引跨国公司，发展对外经济贸易，获得了快速发展。为了同国际接轨，上海在行政、法律上进行了适应全球化的改革，包括简化行政流程，改善政府工作效率；对原有涉外经济法规进行全面清理，为外商提供公正、透明、稳定的法制环境；建立国际社区等。上海还通过多种咨商机制，吸取国际经验和世界智慧，如每年召开世界城市论坛，邀请国际机构、国际组织对城市发展战略进行研究，提出政策建议。最成功的莫过于上海市市长国际企业家咨询会，至今已举办三十届，几乎涉及上海各个领域迫切需要解决的重大问题。上海发展的许多思路，都来自上海市市长国际企业家咨询会议成员们真知灼见的启发。在上海城市政治中，能够强烈地感受到国际化的存在。

全球化对世界城市的影响是巨大的。世界城市更易于受到世界经济波动的伤害。尤其是全球化还会带来许多政治社会问题，诸如空间分异、社会分裂、社会不平等加剧。上海市政府清醒地把握国情、市情和制度优势，尽可能对全球化做出整体回应，调整和控制全球化的不利影响。

市场经济的发展，社会的多元化，受过一定教育、且在经济上自主的都市中产阶级的成长，民众日益增强的参与愿望，对先前的政府管理构成巨大挑战，迫切需要建立一个开放的、与人民交融的城市政府，构建政府主导、社会多方参与的城市治理模式，让城市发展尽可能符合地方居民的需要和诉求，满足更多的社会群体利益。这包括发展社会组织，增强自我发展和服务社会能力，鼓励公众参与公益活动和社会公共事务；在街道层面推动社区共治，在居委会层面开展基层民主自治，提高社会自身治理能力和水平；推进决策民主和政务公开，充分吸纳民意和专家意见。在上海，从上至下的管理体制与公众参与的自下而上的机制结合起来，重新建立了国家与社会的联系。公众日益成为城市治理与城市政策中的一种重要力量，大都市市民社会的特性越来越明显。

总之，改革开放以来，因应上海城市治理和社会的复杂性，中央和地方政府，地方政府层级之间，政府和市场、政府与社会，还有全球经济层面的跨国资本等各种力量交织在一起，创造了一个有效的、更加包容的城市治理体制，或者说“显现了一种新城市政治的雏形”。

不断完善的社会政策

新中国成立后，逐步建立起以公有制和计划经济为基础，具有低水平、普惠制特色的社会福利制度。从 20 世纪 90 年代起，强调市场和竞争，严格控制公共部门、压缩社会开支，提倡使用者付费和以商业原则管理公共服务，中国社会保障及福利体系发生了全面转型。随之而来的是社会福利的“民营化”和“市场化”，以及福利水平的降低。

不过，上海在推出适合经济发展的各种社会政策方面有一定的自觉性和及时性。比如配合住房商品化进程对住房制度进行改革（1992 年）；成立慈善基金会积极开展社会救助（1994 年）；配合国有企业改革，设立按系统的下岗职工再就业服务中心（1996 年）；设立最低生活保障线、最低工资线，及时推行医疗保险制度改革等。

2006 年 10 月，中共中央十六届六中全会提出构建社会主义和谐社会的重要战略目标，全会通过的“中共中央关于构建社会主义和谐社会若干重大问题的决定”明确提出，“以解决人民群众最关心、最直接、最现实的利益问题为重点，着力发展社会事业，促进社会公平正义、建设和谐文化、完善社会管理、增强社会创造活力，走共同富裕道路，推动社会建设和经济建设、政治建设、文化建设协调发展”。中央的这些要求形成对地方政策的重要指导。

上海确立了进一步完善社会政策的指导思想，即“要分类、有梯次、保基本、广覆盖”。要分类，就是不能用一套制度解决所有人的保障；有梯次，就是要满足不同层次的保障需求；保基本，就是要尽力而为量力而行，不提不切实际的口号；广覆盖，就是努力做到各类社会保障基本全覆盖。通过持续多年的不懈努力，上海已形成与经济发展水平相适应、统筹城乡、覆盖各类人群的社会政策体系，实现了从应急式向制度化、从生存型向发展型转变，让更多的人共享改革发展的成果。

第一，范围广泛。相继建立起上海市城镇职工养老保险（1993），城镇居民最低生活保障制度（1993），上海市失业保险（1995），城镇职工基本医疗保险制度（2000）。“十一五”期间，基本建设成廉租住房、经济适用住房、公共租赁住房、动迁安置房“四位一体”的住房保障体系。2017 年开始建立长期护理保险制度。

第二，破除所有制与户籍界限。各种社会保险制度，初期覆盖国有企业及其职工，之后扩展到集体企业、城镇私营企业等各种类型经济组织，外商投资企业中国职工群体。另外，制度覆盖范围由单位职工向所有城镇从业人员扩展，包括城镇个体户、城镇灵活就业人员等。2002 年社会保险由上海职工向外来从业人员拓展，推出外来从业人员综合保险暂行办法。2004 年，外来从业人员子女可就读于公办学校。2008 年起全日制普通中等职业学校开放招收农民工子女。

第三，城乡均衡发展。从 1986 年起，在郊区部分乡镇试行合作医疗制度改革，2002 年实施新型农村合作医疗制度。1987 年起建立农村养老保险制度，2011 年实行新型农村社会养老保险。1993 年，建立农村居民最低生活保障制度。2005 年 8 月起，统一农村居民最低生活保障标准，农村低保与城镇低保标准按 1 : 1.5 比例确定，建立了"城乡一体、标准有别"的城乡低保标准联动机制。2003 年在郊区推出小城镇社会保险办法，保险基数和待遇水平不断提高，与城镇职工社保体系（城保）差距逐步缩小。2006 年起，上海加大市级财政转移支付力度。重点支持崇明、金山、奉贤等一些地区义务教育。

第四，从职工转向居民。2007 年底，在整合各类居民基本医疗保障的基础上，出台了城镇居民基本医疗保险办法。2011 年起，实施城镇居民社会养老保险制度。

第五，制度归并与统一。2010 年起，教师工资全市实行统一标准。2011 年，将来沪从业人员悉数纳入上海市城镇职工社会保险范围，并通过 5 年的时间逐步过渡到位，将镇保制度中的郊区用人单位及个人纳入城保体系。2017 年全面停止执行镇保制度，正式实现其与城保体系并轨。2012 年，城居保与新农保并轨，建立统一城乡居民基本养老保险。2014 年，《上海市城乡居民基本养老保险办法》正式实施。2015 年在全国率先实现城乡最低生活保障标准的统一。2016 年 1 月起，城镇居民基本医疗保险和新型农村合作医疗整合，建立城乡居民基本医疗保险。另外，上海还不断提高统筹层次。2003 年起实施义务教育区县统筹，2012 年实施市级财政"三个统筹"：统筹下达教育支出占财政支出的比例，统筹下达区县财政教育转移支付资金，统筹少数经济发达中心城区部分财政教育资金用于支持郊区县和农村地区教育发展。2015 年，新农合实施市级统筹。

第六，建立增长机制，放宽政策准入标准。根据上海市经济发展、物价变动建立养老金、失业保险金、医疗保险、城乡低保增长机制。1993—2013 年，上海市城镇居民最低生活保障标准共调整 16 次。2005—2011 年，上海农村低保标准每人每月分别为 195 元、500 元。2017 年，上海第 21 次调整最低生活保障及相关救助标准，城乡低保标准水平从 880 元提高到 970 元（表 7.1）。

表 7.1 上海社会保险覆盖面

年份	失业保险	城镇医疗保险	工伤保险
2011	25.74%	67.81%	40.02%
2012	25.93%	68.83%	37.76%
2013	25.91%	68.34%	37.43%
2014	26.14%	69.20%	37.95%
2015	26.57%	71.18%	38.62%
2016	39.15%	74.66%	38.99%

资料来源：杨雄、周海旺《上海社会发展报告（2018）》，社会科学文献出版社，2018 年，35 页。

社会政策不但在支持经济发展和促进社会和谐、甚至在政治层面也具有深远意义。20 世纪 90 年代，上海有 100 万工人下岗，100 万居民动迁。但上海这十年中既较好地完成了城市产业结构调整，又保持了社会的相对稳定；既实施了大规模城市基础设施建设，又完成了百万人动迁安置任务；既能保持连续 12 年的 GDP 两位数增长，又在城市精神塑造和城市文化建设等方面取得了可喜进展，这些都充分说明了上海城市的发展潜力和能力。这均非用简单的经济学原理可以解释的现象，其实是和上海在发展经济的同时十分注意社会公平以及相应的社会政策的配合分不开的。[1]

总之，改革开放以来，上海坚持发展为主，民生为本，通过不断完善社会政策，既促进了经济发展和城市建设，也在深刻的社会变迁中维护了社会稳定。

1. 尹继佐《城市管理与市民素质》，上海社会科学院出版社，2002 年，20—22 页。

最重要的是让人民分享到城市经济社会发展的成果，不断满足了人民日益增长的美好生活需要，提升了生活质量。

建设更具包容性的全球城市

在过去数十年里，全球化和贸易自由化推动了经济增长、城市快速发展。但在经济增长缺乏包容性的情况下，经济发展并没有惠及所有人。在经济整体繁荣的背后，也带来结构性失业、居住成本持续升高，保障性住房供不应求，贫富差距扩大，“新城市贫困”问题产生，社会鸿沟、不平等加剧，社会凝聚力和共识破坏，一些人被剥夺享有城市居民身份、获得基本公共服务的权利，处在低工资、不人道的工作条件和恶劣生活环境中等社会问题。人口老龄化也构成新的挑战。

1994 年，联合国计划开发署将可持续发展的概念进一步拓展到了社会领域，提出了可持续发展的新内涵。所谓可持续发展，“就是这样一种发展，它不仅创造经济增长，而且关注经济增长成果的公平分配，它要再造环境，而不是破坏环境，它给予人帮助，而不是使人们边缘化；它首先关注穷人，增加其选择和机会，使他们更多参与到影响他们生活的决策行动中来”。

当前，世界主要国际大都市都制定了面向未来发展的城市发展战略，以确保城市持续保持国际竞争力和全球领先地位。如悉尼制定了《可持续发展的悉尼 2030 远景规划》，伦敦制定了《更宜居的城市：2030 年的伦敦规划》，纽约制定了《一个纽约——规划一个强大而公正的城市（2015—2050）》，东京制定了《东京首都圈巨型城市群规划构想（2001—2050）》，巴黎制定了《确保 21 世纪的全球吸引力：2030 年的大巴黎规划》。

包容性发展越来越成为全球城市关注的热点。如纽约希望在城市未来的长期发展中，在保持经济繁荣的同时，建构更加公正公平的社会，对全体市民的健康和幸福负责，提升可持续发展能力；伦敦希望使所有伦敦人有机会分享伦敦未来的成功；东京提出建设世界一流大都市，即能为居民提供最大幸福感的城市等（表 7.2）。

表 7.2 世界重要城市战略规划中发展目标——分目标

	主要版本规划目标	最新一版规划分目标
纽约	2005 年《纽约 2030》：更绿色更美好的纽约 2015 年《一个纽约——规划一个强大而公正的城市》：规划一个强大而公正的城市	目标 1 我们成长中的繁荣城市
		目标 2 我们公平公正的城市
		目标 3 我们可持续发展的城市
		目标 4 我们有弹性的城市
东京	2006 年《10 年后的东京》：世界城市典范 2011 年《东京 2020》：向 21 世纪展示更加成熟的世界城市典范 2014 年《东京都中长期展望》：世界第一都市	目标 1 向世界展示东京高度的抗灾害能力和城市安全
		目标 2 建设低碳、高效节能、能源自立型的城市
		目标 3 形成用自然展示城市魅力
		目标 4 加强陆、海、空连接，提升东京的国际竞争力
		目标 5 用产业能力和城市魅力促进东京进入新的成长轨道
		目标 6 向世界展示适应老龄化社会的新型城市模型
		目标 7 培育人才，创造机会均等的社会环境
		目标 8 让体育成为每个人都能参与的活动，创造让孩子们拥有梦想的机会
伦敦	2004 年《伦敦战略》：世界可持续发展的模范城市 2011 年、2015 年《大伦敦规划》：全球城市之首	目标 1 一座能够适应经济和人口增长挑战的城市
		目标 2 一座拥有国际竞争力的成功之城
		目标 3 一座拥有多元、繁荣、安全、便捷小区空间的城市
		目标 4 一座赏心悦目的城市
		目标 5 一座在改善环境领域的世界典范城市
		目标 6 一座让所有人可以安全、便捷通勤及享用各类设施的城市
新加坡	1971 年《概念规划》：花园城市 1991 年《概念规划》：完美的热带城市和引人入胜的岛国 2001 年《概念规划》：21 世纪繁荣的世界级都市 2011 年《概念规划》：面向所有新加坡人的高居住环境质量的城市	目标 1 建造可负担的住房
		目标 2 一个花园一个城市
		目标 3 加强交通链接，提升流动性
		目标 4 维持经济活力
		目标 5 确保未来增长空间及生活环境

续表

	主要版本规划目标	最新一版规划分目标
首尔	1995 年《首尔总体规划》：东北亚经济中心 2013 年《2030 首尔规划》：充满沟通与关怀的幸福城市	目标 1 平等和谐、以人为本的城市
		目标 2 充满就业机会与活力的国际化共存城市
		目标 3 历史源远流长、快乐的文化城市
		目标 4 充满生机与活力的放心城市
		目标 5 居住稳定、交通便捷的居民协作体城市
巴黎	1994 年《巴黎大区指导纲要》：确保欧洲及国际竞争力 2008 年《巴黎大区指导纲要》：保持巴黎大区影响力 2012 年《巴黎大区 2030 战略规划》：确保 21 世纪的全球吸引力	目标 1 住房供给稳定增加
		目标 2 提供稳定的工作岗位
		目标 3 小汽车依赖性更低的生活环境
		目标 4 自然中的城市

资料来源：郑德高等《追求卓越的全球城市：上海城市发展目标和战略路径研究》，《城市规划学刊》2017 年 7 期，68 页。

上海人口密度大，异质化程度高，流动性强、社会结构复杂。改革开放以来，在短短数十年间，上海经历了经济转型和经济起飞，发展成为现代化国际大都市。经济发展到一定阶段，人民对社会发展提出更高要求，不论是教育、住房、交通还是医疗服务，市民普遍要求政府提供更多、更优质服务，从而产生更高发展水平下的不平衡、不充分问题，有的还比较突出，像上海本地居民边缘化、农民工社会融入、城乡差距、公共服务市场化、人口老龄化等。另外，生活在这座城市的中产阶级已成为一股重要的经济、社会、政治力量，要求提供更好的生活条件和社会参与机会，为城市治理与社会建设既带来机遇，也带来挑战。

中共十八大提出创新、协调、绿色、开放、共享发展理念，统筹推进“五位一体”总体布局、协调推进“四个全面”战略布局，突出全面发展，更加强调经济发展质量和结构，更加注重经济发展与民生事业协调发展，着力解决长期想解决而没有解决的一系列问题，推动改革开放和社会主义现代化建设取得新成就。

中共十九大提出，“我国社会主要矛盾已转化为人民日益增长的美好生活需要和不平衡不充分之间的矛盾”。要在继续推动发展的基础上，着力解决好发展不平衡不充分问题，大力提升发展质量和效益，更好地满足人民在经济、政治、文化、社会、生态等方面日益增长的需要，更好推动人的全面发展、社会全面进步。

作为全国经济最发达的地区之一，上海经济发展程度高，经济实力强，为社会发展提供了强大物质基础，使上海有可能率先突破制约社会发展的一些难题和瓶颈。上海需要进一步建设以市民为中心的服务型政府，把广大市民群众利益放在首位，推动多元社会主体共同参与。要采取更为积极和主动的社会政策，以人为本，经济社会协调发展，努力缩小城乡差别，不同阶层、群体间差别，让人民能够分享经济增长带来的成果。尤其要特别注意关照弱势群体和特殊群体，为城市每一个人提供更多发展机遇和更大发展空间，实现社会公平、福利共享，使上海成为一座治理高效、平等共享、更具包容性和可持续的典范城市。

图书在版编目（C I P）数据

迈向包容性发展的全球城市 / 王世军著．-- 上海 ：
同济大学出版社，2018.12
ISBN 978-7-5608-8338-0

Ⅰ．①迈… Ⅱ．①王… Ⅲ．①城市建设－国际化－研
究－上海 Ⅳ．① F299.275.1

中国版本图书馆 CIP 数据核字 (2018) 第 293307 号

迈向包容性发展的全球城市

STRIVING FOR THE INCLUSIVE GLOBAL CITY

上海城市治理与社会政策

王世军　著

责任编辑　张　翠　　责任校对　徐春莲　　装帧设计　张　微　每日一文

出版发行　同济大学出版社 www.tongjipress.com.cn
地　　址　上海市四平路 1239 号　　邮编　200092　　电话　021-65985622
经　　销　全国新华书店
印　　刷　江苏凤凰数码印务有限公司
开　　本　787mm×960mm　1/16
印　　张　14
字　　数　280 000
版　　次　2018 年 12 月第 1 版　2018 年 12 月第 1 次印刷
书　　号　ISBN 978-7-5608-8338-0
定　　价　68.00 元